# VIVIDO AYER

## LEYENDAS Y MISTERIOS
## DE CUBA Y LA HABANA

COLECCIÓN CUBA Y SUS JUECES

EDICIONES UNIVERSAL, Miami, Florida, 2008

SERGIO R. SAN PEDRO DEL VALLE

# VIVIDO AYER

## LEYENDAS Y MISTERIOS DE CUBA Y LA HABANA

Copyright © 2008 by Sergio R. San Pedro Del Valle

Primera edición, 2008

EDICIONES UNIVERSAL
P.O. Box 450353 (Shenandoah Station)
Miami, FL 33245-0353. USA
Tel: (305) 642-3234 Fax: (305) 642-7978
e-mail: ediciones@ediciones.com
http://www.ediciones.com

Library of Congress Catalog Card No.: 2008901102
ISBN-10: 1-59388-129-0
ISBN-13: 978-1-59388-129-0

Composición de textos: María Cristina Zarraluqui

Diseño de la cubierta: Luis García Fresquet

Todos los derechos
son reservados. Ninguna parte de
este libro puede ser reproducida o transmitida
en ninguna forma o por ningún medio electrónico o mecánico,
incluyendo fotocopiadoras, grabadoras o sistemas computarizados,
sin el permiso por escrito del autor, excepto en el caso de
breves citas incorporadas en artículos críticos o en
revistas. Para obtener información diríjase a
Ediciones Universal.

**Agradecimiento:**

A Beatriz, mi mujer y aliento por 55 años, sin cuya cooperación no hubiese sido posible este esfuerzo de memoria.

# Índice

Introducción  9
Inicio del presidio del niño José Martí Pérez  11
La Condesa de Merlín  19
El Lector de Tabaquería  27
La Bailarina Española  31
El Conde Cañongo y el Marqués de Comillas  37
Parroquia del Sagrado Corazón de Jesús  41
El Palacio de Aldama  47
La Plaza del Vapor  53
La Manzana de Gómez  57
La Institución Inclán  61
Italianos en La Habana  65
José López Rodríguez  71
Dr. José Antonio López Serrano  79
La Niña de Guatemala  83
Plaza y Estatua Cascorro  87
El Paseo del Prado  93
La Rampa, Milagro Comercial  105
Carretera Central en Cuba  111
El Túnel de la Calle Calzada  117
El Malecón de La Habana  121
Los Tranvías  127
Los Ómnibus de La Habana  133
El Alumbrado Público en La Habana  137

Servicios Médicos de La Habana   141
Breve Historia de la Iglesia Cubana   145
Canonización de Pedro de San José Betancur   151
Nicanor Valdés y Álvarez de la Campa   155
Tropicana   161
Jai Alai en La Habana   171
Play Ball   175
Los Cines en La Habana   179
1830   183
Pogolotti   185
Realengo 18   191
Cementerios en Cuba   195
La Moneda en Cuba   197
Fusilamiento de los Estudiantes, 1871   203
Magnicidios en la Historia de Cuba   205
La Charada   211
La Bolita   215
La Habana   219
Cuba Missouri   221
Cuando Éramos Pobres   225
A los Cincuenta Años del Moncada   231
Mariel   235
Gallegos en el Caribe   239
La Universidad del Aire   243
La Corte Suprema del Arte   245
Las Joyas de las Cubanas   249
Esculturas Habaneras   253
Los Chinos en Cuba   255
Las Cuatro Balas   257
Convento de Santa Clara   263

# Introducción

¿Por que esta publicación? se preguntarán algunos cuando la tengan en sus manos.

El sabio romano Plinio el Viejo escribió hace casi veinte siglos: "Nuestra Civilización Depende del uso del Papel" dado que los libros eran por excelencia las fuentes del conocimiento.

Con anterioridad al uso del papel los hombres dejaron sus expresiones de cultura, epigramas, esquelas mortuorias y sucesos de la vida diaria en grabaciones en tumbas, vasijas, muros de templos y edificios públicos.

En el caso de la joven Cuba, la historia de sus cinco siglos de vida desde la llegada de los españoles, ha sido estudiada y recopilada por magníficos historiadores europeos y cubanos que han aportado diferentes opiniones y data que permiten llegar a la verdad, quizás como en ningún otro pueblo.

Me gustaría ser un historiador, pero solo soy un permanente estudiante de historia que ha tratado de recoger información de donde viví feliz, para que mis hijos y nietos sepan el por qué habiendo salido físicamente de Cuba en 1961, no puedo encontrar Patria en suelo ajeno

*Sergio R. San Pedro*

## Inicio del presidio del niño José Martí Pérez

El año 1869 comienza en La Habana con una gran tensión entre los cubanos (bijiritas) y los peninsulares (gorriones) dado que hacía tres meses los mambises habían iniciado la llamada Guerra de los 10 años, por lo que el Capitán General Lersundi y sus tropas regulares estaban ocupadas en contener a los alzados, dejando el orden en La Habana en mano de aquellos "voluntarios" que tantas páginas escribirían con sangre cubana.

El 22 de enero de 1869, se producen los sucesos del Circo de Villanueva, comúnmente llamado Teatro Villanueva, sito en el Paseo del Prado y calle Colón. Estos sucesos han sido ampliamente relatados y fueron los que inspiraron el hermoso poema de Martí:

*Pasa, entre balas un coche;*
*Entran, llorando, a una muerta;*
*Llama una mano a la puerta*
*En lo negro de la noche*

*No hay bala que no taladre*
*El portón: y la mujer*
*Que llama me ha dado el ser:*
*Me viene a buscar mi madre.*

*A la boca de la muerte,*
*Los valientes habaneros*
*Se quitaron los sombreros*
*Ante la matrona fuerte.*

Los siguientes tres días, incluyendo sus noches, los voluntarios hirieron y mataron a su antojo llegando a crear un caso internacional al asesinar a un fotógrafo y periodista norteamericano.

Bajo este clima, basado en la supuesta libertad de imprenta que poco tiempo antes había sido otorgada, Martí publica el periódico "Patria Libre" de solo un número al ser censurado, pero antes de que el público conociera la razón de ser del periódico, ya que el propio editor lo imprime: *Firmes en nuestras creencias, no habremos de volver la espalda como el soldado que cobardemente abandona su puesto en la hora de peligro.*

Producto de los sucesos del Circo Villanueva, el maestro de Martí, el criollo Rafael María de Mendive, había sido desterrado al ser tildado de "laborante".

**Retrato de Martí niño**
Óleo de Félix F. de Cossío

Faltando el maestro Mendive, Martí visita diariamente a su amigo Fermín Valdés Domínguez, quien vivía en la calle Industria, próxima a la escuela de Mendive, bajo el pretexto de que Monsieur Fortier le daba clases de francés a Fermín y a su hermano Eusebio y que Martí aprovechaba.

El 4 de octubre de 1869, como de costumbre, ha habido Revista Militar en el Campo de Marte, actual Parque de la Fraternidad y terminada la Revista una escuadra de voluntarios toma la calle Industria al redoble de tambores para ir de retirada, alardosos y desafiantes hasta las facilidades militares al inicio de la calle Prado, donde dos años mas tarde escribirían la página mas negra de los voluntarios, el fusilamiento de los 8 estudiantes de medicina, hecho que sólo se podrá comparar con la reconcentración ordenada por Valeriano Weyler.

Al pasar ante la ventana donde Martí, Valdés Domínguez, Manuel Sellén y el profesor Monsieur Fortier conversan animadamente, sin buscar pretexto ya que no les era necesario, toda vez que un gesto, sonrisa o carcajada era ya bastante para irritar a aquellos desafiantes desalmados, tan predispuestos contra los cubanos, que hasta el pelo suelto de las muchachas cubanas lo tomaban como desafío, se detienen, injurian y amenazan a los jóvenes y su maestro.

Al anochecer de ese día regresa un pelotón para realizar un registro, cosa común en las casas de cubanos y que hacían sin necesidad de permiso o autorización.

Los celosos guardianes de la integridad de España encuentran una prueba de infidencia, en esa época el más elástico y arbitrario de los delitos políticos.

Encuentran una esquela (carta breve cuyo papel se dobla sobre sí mismo) que dice:

*"Señor Carlos de Castro y de Castro. Compañero: ¿Has soñado tú alguna vez con la gloria de los apóstatas? ¿Sabes cómo se castigaba en la antigüedad la apostasía? Esperamos que un discípulo del señor Rafael María de Mendive, no ha de dejar sin contestación esta carta.*

*José Martí, Fermín Valdés Domínguez*

El destinatario, que nunca recibió la esquela, había ingresado poco antes en el Cuerpo de Voluntarios.

A los pocos días son detenidos Martí y Valdés Domínguez y retenidos en la cárcel sin juicio hasta el 4 de marzo de 1870, en que un

Consejo de Guerra Militar sentencia a Martí a 6 años de presidio con trabajos forzados, por haber éste proclamado la responsabilidad de la esquela y a 6 meses de arresto mayor a Fermín Valdés Domínguez.

A los 17 años de edad comienza Martí a sufrir su sentencia. Se convierte en el preso 113 y le eran fijadas a su cuerpo con remaches las cadenas de hierro que estarían las 24 horas junto a él.

Los trabajos forzados serían en la Cantera del Vedado, a donde lo trasladarían cada día caminando desde la cárcel por la calle San Lázaro. Esta cantera llamada "La Criolla" quedaba a dos kilómetros de la cárcel, por lo que sólo el ir y venir con los grilletes era un fuerte castigo. El dueño de la cantera lo era el rico catalán José María Sardá.

Para esa época las construcciones militares en La Habana se habían completado, el Príncipe, Atarés, etc., por lo que esta cantera era mayormente una dedicada a la fabricación de cal, usando la piedra caliza de la pequeña colina. La fabricación de cal viva se hacía de forma primitiva, creando un cono de leña, el que debía ser cubierto con piedras hasta una gran altura con alto riesgo para los presos. Cuando se había rematado la inmensa bóveda, se prendía fuego a la leña la que ardía por días.

El deshacer la bóveda de piedra, ahora convertida en cal viva se considera uno de los más crueles castigos, aún sin tener en cuenta la edad del preso, su constitución física y el delito cometido. El continuo contacto con la cal y los grilletes dejarían unos daños físicos en Martí que le acompañarían hasta su muerte.

En aquella cantera llamada "La Criolla" y en tiempos republicanos pomposamente llamada "Rincón Martiano", se colocó una tarja de mármol que leía:

> En estas canteras sufrieron trabajos
> forzados muchos cubanos por el honroso
> delito de querer la libertad de su patria.
> En estas canteras trabajó y sufrió
> José Martí.

Las condiciones de aquel trabajo eran inhumanas, para distinguir a los presos comunes de los políticos, a éstos le pintaban de negro la copa del sombrero de guano que les protegía del fuerte sol. Este sombrero le facilitaba a los "cabos de vara" extremar la forma despiadada y brutal en que hacían trabajar a estos infelices presos políticos, las piedras rasgan las manos, la cal viva llaga su cuerpo, el palo sus carnes y las blasfemias de los guardias sus oídos.

Sólo dos horas antes de su ingreso en la cárcel, anticipando lo que tendría que pasar, Martí escribe unos versos:

> Voy a una casa inmensa, en que me han dicho
> que es la vida expiar,
> la patria allí me lleva, por la patria
> morir, es gozar más.

El dolor físico y el aún peor dolor moral hicieron que sintiera que la obligación contraída no fuese sólo con los ideales democráticos y los principios liberales, sino también con su conciencia, lo que le hace confesar que *ya no podré vivir alegre, como vaso de fango repintado, en medio de la deshonra y la vergüenza humana.*

Aquella brutal prisión dejaría en Martí señales indelebles en su cuerpo y sobre todo en su espíritu como lo demuestra en sus versos:

> Y yo pasé, sereno entre los viles,
> Cual si mis manos, como en ruego juntas,
> Las anchas alas púdicas, abriese
> Una paloma blanca. Y aún me aterro
> De ver con el recuerdo lo que he visto
> Una vez con mis ojos. Y espantado,
> Póngome en pie, cual a emprender la fuga!

El propio Martí nos da a entender años más tarde el simbolismo de la blanca paloma de anchas y púdicas alas cuando nos dice: *En el hombre residen todos los animales de la creación. Cuando predomina el cerdo, es dado a lo pornográfico, cuando la paloma, dado a lo ideal.*

El propietario de la cantera "La Criolla", el próspero catalán José María Sardá tenía en Isla de Pinos otra cantera, horno de cal y tejar, además de la explotación de mármol y la agricultura. Fue a este catalán a quien Martí debió su traslado a sitios de menor rigor dentro del sistema de presidio y, finalmente al cambio de prisión por el destierro a España.

**Martí en presidio**

No se sabe que sentimiento influyó en el ánimo de Sardá para mover sus influencias con los oficiales españoles a favor de Martí, si fue Don Mariano, el padre de Martí, que como valenciano era afín a los catalanes, o la simpatía y atracción que el niño preso despertó en el empresario desde el primer momento.

Me inclino a lo segundo, porque Don Mariano aún cuando no le faltó el cariño por su hijo, su vida en Cuba siempre lo muestra como un hombre simple, sin relaciones ni éxito en ninguno de los variados trabajos que realizó.

Desde el 5 de septiembre de 1870 hasta el 15 de enero de 1871, en que fue deportado a España en el buque español "Guipúzcoa", Martí permaneció confinado bajo la responsabilidad y vigilancia de Don José María Sardá. Primero tuvo que esperar el largo trámite del expediente de deportación en la cárcel de La Habana, sin el trabajo en la cantera, después en la finca "El Abra" en Isla de Pinos.

**Autógrafo de Martí del poema *"Lágrima"***
**Arch. de Gonzalo de Quesada y Miranda**

En aquella época el viaje desde la cárcel de La Habana hasta la Isla de Pinos era un largo y complicado camino. Comenzaba éste en la Estación del Ferrocarril en Villanueva, donde actualmente se encuentra el Capitolio, hasta Batabanó de donde partía el Barco a Nueva Gerona, capital de la Isla, y desde ésta en media hora se llegaba por un camino de tierra a la finca "El Abra".

Cincuenta esclavos y una veintena de presos políticos y deportados, bajo la diestra dirección de Sardá hacían un trabajo como abejas, por lo que "El Abra" era el mayor y próspero emporio industrial y agrícola de aquella pequeña Isla al Sur de la Provincia de La Habana.

El protector de Martí era un hombre de ambición para los negocios, aunque no por esto desprovisto de amor cristiano, por lo que Martí no llegó a "El Abra" para reanudar el trabajo en la cantera. Por el contrario, fue a compartir el hogar del hombre que lo había librado de la cárcel y de cuya familia, particularmente de su buena esposa, guardaría siempre un grato recuerdo.

Prueba del cariño que llegó a tomar Martí a la esposa de Sardá, Doña Trinidad Valdés, es la cariñosa dedicatoria del retrato que le remite desde Madrid, junto con el obsequio de un fino crucifijo tallado: *Trina, sólo siento haberla conocido a usted, por la tristeza de tener que separarme tan pronto*. El Teniente Gobernador de Isla de Pinos anota la llegada de Martí a la Isla como el 15 de octubre de 1870. El 15 de enero de 1871 sale rumbo a Cádiz.

Copiando el pensamiento de Martí; sorprende el que aquellos hombres en que "predomina el cerdo" no hayan incluido a Doña Trina con María García Granados y Carmen Miyares, ya que Martí tenía 18 años al ser deportado por primera vez.

> Mírame, madre, y por tu amor no llores:
> Si esclavo de mi edad y mis doctrinas,
> Tu mártir corazón llené de espinas,
> Piensa que nacen entre espinas flores.

# La Condesa de Merlín

María de las Mercedes Santa Cruz y Cárdenas, Montalvo y O'Farril, nacida en La Habana el 16 de febrero de 1789, del matrimonio compuesto por Joaquín Beltrán de Santa Cruz y Cárdenas, tercer Conde de Jaruco y de Mopox y la joven Teresa Montalvo y O'Farril, cuando ambos padres tenían solamente 19 y 16 años de edad, fue prácticamente desconocida en Cuba, dado que su libro "La Habana" fue escrito en francés, no habiendo sido traducido al español hasta que en 1980, en memoria de su padre Emilio Bacardí, su hija Amalia realizó esta encomiable obra.

Dado que la importancia del trabajo de Amalia E. Bacardí era la traducción de *"La Havane"*, las notas biográficas de la Condesa de Merlín son pobres y con algunos errores de fechas y hechos, según su biógrafo Agustín de Figueroa, quien la identifica como *"Musa del Romanticismo"*.

Los padres de la que más tarde sería *la Condesa de Merlín*, habían contraído matrimonio en La Habana cuatro años antes del nacimiento de ésta, cuando sólo contaban 15 y 12 primaveras, respectivamente, lo que llevaría a Mercedes a escribir en sus memorias "esa influencia del clima de fuego que nos ha visto nacer, clima bajo el cual no hay infancia..."

Pertenecían ambos padres a la más rancia aristocracia, en Cuba como en España. El era un apuesto militar y ella "con todos los encantos con que el cielo puede dotar a un mortal".

Cuando la niña empezaba a dar sus primeros pasos, sus padres emprendieron viaje a Europa, dejando a Mercedes al cuidado de su bisabuela Luisa Chacón y la negra nodriza "María Dolores". Próxima a cumplir los ocho años supo de la llegada de su padre a La Habana como Inspector General de las tropas españolas en Cuba, mientras su madre se trasladaría de Italia a Madrid, donde permanecería.

Su padre extremaba las atenciones con su hija, como si quisiera atenuar los años de separación, y la niña vivía a plenitud las visitas a las fincas de Jaruco, mientras su bisabuela lamentábase de que la niña *no estudia, no obedece, nadie piensa educarla, será una salvaje.*

Al fin su padre, bajo la influencia de la abuela, para no continuar descuidando su educación la interna en el Convento de Santa Clara. A los acordes del órgano del templo de las Clarisas, sonó por vez primera la voz de Mercedes Santa Cruz, la voz de oro que con el nombre de Condesa de Merlín había de ser célebre en Europa.

Mercedes no soporta la vida en el Convento y se escapa y corre a refugiarse en casa de su bisabuela.

Poco tiempo después de su escapada del Convento su padre recibe una misiva de su mujer reclamando su presencia y la de su hija en Madrid. Antes de partir, su padre quiso presentar a Mercedes a la sociedad habanera, para lo que organizó un baile.

El Conde de Jaruco y su hija llegaron a Cádiz en 1800 y Mercedes hace su autorretrato en los siguientes términos: *"Mi cabellera larga y tupida, mi tez criolla, dábanme cierto aspecto conforme a mis inclinaciones salvajes. A los once años había alcanzado todo mi desarrollo y estaba formada como a los dieciocho".* (Recordemos que Teresa su madre, contrajo matrimonio a los doce años).

Su madre Teresa, con sólo 28 años, recibió y acogió a su hija con una mezcla de emoción y curiosidad, junto a su otra hija ya crecida Pepita.

Mujer bellísima, bondadosa, de gustos refinados y con una gran fortuna, la Condesa de Jaruco tenía en Madrid una situación privilegiada. Bajo su apariencia salvaje, Mercedes era sentimental y susceptible y sufría de su situación, en cierto modo inferior. En aquel ambiente de mesura y distinción desentonaban un tanto sus modales y su aire exótico. Entonces emprendió Teresa la tarea de estilizar a su hija desde el punto de vista cultural, moral y físico.

Su padre tuvo que regresar a Cuba, de donde no habría de volver. Aquella separación unida al uso de zapatos, corsé y profesores causó tristeza y abatimiento en Mercedes, por lo que su madre la envió a una Quinta en la Moncloa.

Del nivel intelectual de la mujer española en el comienzo del Siglo XIX da una idea la carta de la Reina María Luisa a su ministro Godoy "Soy mujer, aborrezco a todas las que pretenden ser inteligentes, igualándose a los hombres". Bajo estas condiciones, a los salones literarios de la ya viuda Teresa Montalvo, asistían muy pocas mujeres. Puramente intelectuales en sus comienzos, tomaron tinte político por la vacilante Corona de Carlos IV y la asistencia del tío de Mercedes, el General O'Farril, quien fue Ministro de la Guerra tanto con el Rey español como con el francés José Bonaparte.

**Mercedes Santa Cruz, Condesa de Merlín**

En esos salones literarios desarrolló Mercedes sus años juveniles, respirando el ambiente intelectual y privilegiado, cuando teniendo solamente catorce años, el Marqués de Serrano la pidió en matrimonio. Todo dispuesto y fijada la fecha de la boda, Mercedes rompió las relaciones.

Cuando el 6 de junio de 1808, José Bonaparte fue proclamado Rey de España, la relación del General O'Farril creó un fuerte lazo entre la Condesa de Jaruco y el nuevo Soberano. Con el Rey habían llegado a Madrid varios generales franceses, entre ellos uno que le doblaba la edad a Mercedes, pero que ella describe como "muy guapo, sabiendo lucir el uniforme de húsares".

Dado que José Bonaparte veía con gusto todo enlace franco-español, fue el propio Rey quien pidió a la Condesa de Jaruco la mano de su hija para el General Cristóbal Merlín. El 14 de octubre de 1809, en la Iglesia de San Ginés, contrajeron matrimonio.

En su prólogo a la traducción al español *"La Habana"* por Amalia Bacardí, Pedro Laín Entralgo, manifiesta que Mercedes Santa Cruz vivió en París a su llegada de Cuba, y más tarde en Madrid. Su biógrafo, Agustín de Figueroa, en su libro de 1934 hace constar que tiene en su poder las cartas escritas a su amado General Merlín por Mercedes, en un muy pobre idioma francés.

Su vocación y deber militar acaparan totalmente al General Merlín, quien debe partir al Sur de España, a donde son dirigidas las ardientes cartas de Mercedes. Sus logros militares le son comunicados al Rey, quien dando una vez más prueba de su generosidad, concede un título condal al General Merlín.

Llega la evacuación de la Corte Francesa y los afrancesados. Huían unidos por la misma causa, sí; pero en tanto los franceses se limitaban a dejar un país extraño, los españoles no podían contener un suspiro de hondo pesar al abandonar la Patria.

Sobre el dolor espiritual de abandonar las comodidades, amistades y posición social, se sumaban las duras condiciones de los caminos, atravesar Zaragoza, teatro de la más trágica epopeya, continuando a caballo a Teruel, donde vencida y agotada se negó a continuar el viaje en esas condiciones.

El Capitán Dupuis, a quien el General Merlín le había encargado proteger y conducir a su esposa e hija a Francia, pudo alquilar una silla de postas con la que pudieron atravesar las montañas que fijan las fronteras.

La Condesa de Merlín llegó a París para asistir al ocaso de la Corte Napoleónica. En las Tullerías no se había extinguido aún la huella de encanto y elegancia de Josefina Beauharnais, la repudiada primera mujer de Napoleón, a la que éste había obligado a leer su propia sentencia.

Por cumplir deberes de gratitud y lealtad, la Condesa de Merlín acudía con frecuencia a Montefontaine, donde el que había sido Rey de España mantenía una pequeña Corte ficticia, teatral, pero con un ceremonial y una etiqueta rígida para enmascarar su fracaso.

La *"Belle Espagnole"* fue acogida con simpatía y admiración. Las *Generalas Francesas*, de las que se había hecho amiga en Madrid, la presentaban a la sociedad del Imperio.

Tras los cristales de su ventana Mercedes presenció la triunfal llegada a París desde Londres del nuevo Rey de Francia Luis XVIII, era el 3 de mayo de 1814.

Mercedes habíase instalado suntuosamente en una casa de la Rue Bondy, donde nació su segunda hija. Los grandes cambios en Francia harían que por años la Condesa de Merlín no pudiese vivir en el ambiente de paz que su espíritu quebrantado por los sucesos de España deseaba.

Condenada a vivir en un ambiente de continua efervescencia, oyendo hablar de penas de muerte, deportaciones y todos los sinsabores, hacían que evocara las reuniones de la calle del Clavel en el Madrid que deseaba olvidar.

De España llegaban noticias inquietantes, preparaban la rebelión contra Fernando VII. En París estallaban pequeños levantamientos a favor de Napoleón II y el General Merlín era nombrado Inspector General de Caballería. Las personas antes adictas a Napoleón eran consideradas por la nobleza francesa con el mismo encono que guardaban en España los *fernandinos* a los *afrancesados*, por lo que la belleza soberana de la Condesa de Merlín no tuvo ocasión de brillar en la Corte de Luis XVIII.

En 1824, los Condes de Merlín, junto a sus hijos y el tío, el General O'Farrill pasan una larga temporada en Prangins, castillo de bellos jardines a orillas del Lago Lehman, perteneciente a José Bonaparte.

Habían desaparecido Napoleón, El Duque de Richelieur, Luis XVIII y otro Borbón ocupaba el trono de Francia, Carlos X, mientras alejada del mundo Mercedes educaba a sus hijos, consolaba a su tío y dejaba que la música y la lectura ocuparan el resto de su vida. Iba conociendo la literatura de Stendhal, los dramas de Racine y Shakespeare, los versos de Alfredo Vigny y Odas de un joven poeta y dramaturgo: Víctor Hugo.

Los días para Mercedes no son los más intensos de su existencia, pero son los que le permiten adquirir la cultura necesaria para su brillante vida.

El corazón bueno y noble de su marido supo rodearla de cuidados y cuando las circunstancias políticas la separaron de los suyos arrojándola a tierra extraña, su felicidad constituyó para él una misión sagrada, pero el deber sentimental no siempre estaba de acuerdo con sus deberes militares.

Ella acabó por acostumbrarse a la ausencia que en otros tiempos constituía un mal intolerable. Sola llegó a Francia, sola comenzó a organizar su vida, aprendió a volar con sus propias alas.

Insensiblemente fue creándose amistades, costumbres, como francesa había sido expulsada de España, pues bien, francesa había de ser, pero con todos los honores y todas las ventajas de su nueva nacionalidad.

Y un día, al volver Merlín a la reserva dejando el servicio activo, halló una mujer brillante, halagada, influyente, famosa, con un brillo propio y una personalidad muy suya, una mujer que nada tenía con la ingenua criollita de Madrid. No olvidemos que el General doblaba la edad de su hermosa mujer.

En 1825, la Condesa daba su primer concierto en Ginebra, a beneficio de los griegos. Fue una verdadera revelación; unida la hermosura física y una bella voz constituye el mayor elemento de seducción. Los prejuicios de entonces y su situación social le impidieron un triunfo definitivo como artista profesional consagrada.

Al concierto de Ginebra siguió otro en la sala Wauxhall de París,; luego otros. Todas las catástrofes eran un pretexto para que la *"Belle Contesse Merlin"* luzca su talento. Los conciertos en casa de la cantante aristocrática eran esperados con verdadera expectación.

Allí cantaron Giulia Grisi, la Persiani, la Sontag, Rubini, la Pasta y Margarita Naldi, entre otros.

En la casa de Mercedes, convertida, por lo que afirmó un crítico de la *Gazzete Musicale*, en la "Reina del más melodioso de nuestros salones", cantó la modesta debutante del Conservatorio, la que sería María Malibrán.

**El Castillo de Dissais, propiedad del yerno de Mercedes, donde ella pasó muchos de sus últimos años**

La Condesa cantaba en italiano y escribía en francés, pero nunca olvidó su lengua materna, ni la querida patria en que transcurrieron sus doce primeros años, a cuyos recuerdos dedicó su primer libro que anónimo publicó y no puso a la venta hasta 1831. En 1840, después de 38 años de ausencia, volvió a La Habana y sus vivencias recogió en su libro *"La Havane"*.

Habían pasado los años y Mercedes sentía un deseo de soledad, ese placer de hallarse consigo misma. Para escapar de París se refugiaba en su Castillo de Charenton, donde el marco versallesco evocaba en la Condesa aquel otro castillo español que su amado

General había adquirido para ella en España, ¡Boadilla!... que lejano suena este nombre en la memoria de Mercedes.

En octubre de 1845, treinta y cinco años después de su despavorida salida, llega Mercedes, viuda y con muy cortos recursos a Madrid, con la intención de reclamar la enorme fortuna que le había sido confiscada por el Gobierno Español. No tiene éxito en sus gestiones.

*"Memoires de Madame Malibran"*, traducida a varios idiomas, es considerada como su mejor obra.

La que desde su nacimiento había vivido en la opulencia, muere en Francia luchando con editores, acreedores y usureros, y con la pasividad de su hermano, el Conde de Jaruco, que sin exactitud le pagaba una pequeña renta que le había dejado su padre en Cuba.

Murió un día del mes de abril de 1852.

## El Lector de Tabaquería

El lector de tabaquería que fue usado como término despectivo en los primeros años del Siglo XX, tuvo una importancia muy grande en el desarrollo del movimiento obrero en Cuba.

La lectura se inició en el taller de tabaquería "El Fígaro" en diciembre de 1865 ante los aproximadamente 300 torcedores. En La Habana se publicaba en esa época un semanario que se identificaba con los artesanos y se llamaba *La Aurora*.

Este semanario publicó un artículo que copio: "En la gran fábrica de tabacos *El Fígaro* se ha establecido la costumbre, que honra altamente a los operarios, de que haya uno que en voz alta lea obras escogidas en tanto que los demás trabajan, para cuyo efecto cada operario contribuye con su correspondiente cuota a fin de resarcir el jornal que el lector deja de utilizar durante el tiempo que emplea en la lectura..."

Sin duda que la lectura en los talleres de torcido era un paso de gigante en la educación de los artesanos, tanto peninsulares como criollos, dado que la mayoría de ambos grupos no sabía leer. En el inicio nadie se opuso a los lectores, pero en poco tiempo comenzaron las dificultades en cuanto a la selección de la obra que sería leída.

Apenas publicado el elogioso artículo de *La Aurora*, el Diario de la Marina dio comienzo a una fuerte campaña contra la lectura en los talleres. El gran caricaturista Víctor Patricio Landaluze creó en las páginas de Don Junípero, una fuerte crítica a la lectura en las tabaquerías bajo la alegación de que denigraba el trabajo al tiempo que le atribuían efectos perjudiciales a la economía y el orden público.

Las caricaturas de Landaluze se identificaban con la actitud de los tabaqueros según el tipo de lectura: lecturas que entusiasman (todos brincando), lecturas que aprovechan (como un salón de clases), lecturas sentimentales (taller en llanto), y lecturas histórico-artístico-científica (taller dormido).

La fuerte oposición del sector patronal y los periódicos que los representaban, hicieron que el Capitán General Francisco Lersundi y Ormaechea (1867-1869) prohibiera "distraer a los operarios de las tabaquerías, talleres y establecimientos de todas clases con la lectura de libros y periódicos, ni con discusiones extrañas al trabajo que los mismos desempeñan".

Aún cuando la medida de Lersundi quiso ser justificada con el hecho de que los "voluntarios" habían asesinado a un joven lector de una tabaquería del pueblo de Bejucal, acusándolo de confabulación con el movimiento independentista. En realidad el pensamiento de los opuestos al lector sigue vigente: mientras más inculto sea el obrero, más fácil es conculcarle sus derechos.

Terminada la guerra de los diez años y pacificada la isla, en 1880 la lectura es restablecida, con los mismos errores de los propietarios y el gobierno que en 1865, el que los lectores fuesen pagados por los tabaqueros y las lecturas elegidas por un "comité de lectura" designado por éstos. Como la lectura consistía en "oír leer" mientras hacían un trabajo manual rutinario, la influencia de las lecturas en el pensamiento de estas personas humildes era determinante.

La llegada de peninsulares con ideas anarquistas, encontró en la posición del lector el medio ideal para promover la organización laboral. Basándose en la supuesta catolicidad del Gobierno Español y en la designación por el Papa León XIII del primero de mayo como la *Festividad de San José Obrero*, los tabaqueros celebraron con actos públicos ese día en 1890, siendo la primera vez en el mundo que se celebró como tal.

La falta de periódicos y los pocos libros disponibles, hizo que las obras que les gustaban a los tabaqueros fuesen leídas una y otras veces, como fue el caso de Alejandro Dumas, que de tanto oír el Conde, una de las marcas más reconocida tomó el nombre de *Montecristo*.

Con la gran base de los tabaqueros, el movimiento obrero cubano celebró un Congreso Obrero en el mes de enero de 1892, con las mismas ideas anarquistas y un éxito que los movió a crear la

Federación de Trabajadores de Cuba, representando los distintos oficios y con presencia en muchos pueblos y ciudades. Acordaron luchar por la jornada diaria de 8 horas y la igualdad de todos los trabajadores.

Como había sucedido en 1869, el inicio de la guerra de independencia llevó al Gobierno Español a prohibir nuevamente en 1896 el uso del lector, que sería finalmente aprobado en la República.

El uso del lector siguió a los tabaqueros cubanos en su exilio en Cayo Hueso y Tampa, tanto que José Martí decía que la mesa de cada lector de tabaquería era una tribuna avanzada de la libertad.

La llamada revolución industrial del Siglo XIX causó grandes problemas obreros, que en Cuba no se sufrieron dado que la máquina de vapor sustituyó al trabajo esclavo, no afectando al resto de los oficios. Llegado el Siglo XX y con el adelanto de las máquinas procesadoras, los tabaqueros tuvieron que enfrentar la máquina de torcido.

Las torcedoras no fueron instaladas en Cuba dado que la fabricación de tabaco estaba distribuida en pequeños talleres a lo largo de la isla. A mediado de los años 20, cuando comenzaba la caída económica después de las "vacas gordas", la fábrica *Por Larrañaga* compró una torcedora fabricada en Estados Unidos. Al instalar la máquina en La Habana, aquellos antes analfabetos torcedores se dieron cuenta de que la "industrialización" del torcido los dejaría sin trabajo. Con una gran habilidad lograron unir a su lucha a los pequeños fabricantes, que enfrentarían una competencia económica.

Los trabajadores del tabaco se organizaron en distintos sindicatos nacionales, la Federación Nacional de Torcedores de Cuba, la Federación de Despalilladores y el Sindicato de Escogedores.

En 1925, los obreros de *Por Larrañaga* se declararon en huelga que duró hasta 1930, a pesar de estar en el poder Gerardo Machado. Los antiguos lectores peninsulares anarquistas habían devenido en anarquistas-comunistas y lograron que sólo menos de una docena de obreros de *Por Larrañaga* no apoyaran la huelga; a pesar de esto, la fábrica continuó trabajando.

Eran momentos muy difíciles en las relaciones obrero-patronales, tanto que el 7 de enero de ese año habían asesinado por motivos laborales al director de la fábrica de chocolate *"La Ambrosía"*.

Tanto los torcedores como los fabricantes coincidieron en que la torcedura mecánica afectaría el prestigio internacional con que contaba el tabaco cubano torcido a mano. Finalmente *Por Larrañaga* cedió, reconociendo que la mecanización afectaría el prestigio adquirido por la labor manual de los torcedores.

La fábrica *Por Larrañaga,* aún cuando era reconocida como la fábrica más antigua de las existentes, habiendo comenzado operaciones en 1834, en la calle San Miguel #58, de donde se trasladó a un hermoso edificio en Carlos III número 713, continuó usando torcedoras mecánicas, como posteriormente lo hicieron otras fábricas, aunque en ningún caso la producción mecánica superó el 10% de la producción de cada fábrica.

*Por Larrañaga,* que tanto luchó por la mecanización, fabricaba las poco conocidas marcas "Por Larrañaga", "Petronio", "Habano 1834", "La Gloria", "Aromas de Cuba" y otras marcas privadas.

## La Bailarina Española

Cuando siendo aún niño leí o escuché por primera vez el verso libre de José Martí dedicado a una bailarina y que su primera estrofa lee:

El alma trémula y sola
padece al anochecer:
Hay baile; vamos a ver
La bailarina española.

Me llamó la atención el que en la tercera estrofa nuestro Martí escribiera "¿Cómo dicen que es gallega?, pues dicen mal: es divina".

La razón para mi extrañeza se basaba en que los cubanos llamábamos a todos los españoles *gallegos*, pero no podía aceptar que quien proclamaba "la guerra necesaria, contra España, no contra los españoles", usara ese término, que con el tiempo se tornó en cariñoso, pero que durante la segunda mitad del Siglo XIX, cuando comenzó a ser usado, era peyorativo.

Dado el tiempo transcurrido, no ha sido fácil descubrir la razón por la que decían que la bailarina andaluza era gallega y el por qué Martí mencionó que han hecho bien el "quitar el banderón de la acera".

Agustina o Carolina (usó los dos nombres) Otero Iglesias, nació en una pequeña aldea próxima a Pontevedra en 1868 y murió en Niza en 1965. Fue una de las mujeres más deseadas de la *Belle Époque* y mundialmente conocida como *La Bella Otero*.

Comenzó su vida en Valga, lugar perdido en la provincia de Pontevedra, donde fue una pordiosera que a los diez años fue violada, quedando estéril. A los doce años dejó su pueblo yendo a parar a una casa de mala nota en Pontevedra, donde alternaba con los clientes a la vez que bailaba por un mísero sueldo. En no mejores condiciones pasó a Portugal y más tarde a París.

Dado que la *"muñeira"*, baile típico de Galicia no tiene mercado artístico, la joven Otero había desarrollado su vida de bailarina como bailarina andaluza.

En 1889, durante la célebre Exposición Universal de París, Ernest Jurgens, cogerente del Eden Musée de New York, viajó a Francia con la idea de contratar artistas para su espectáculo en la próxima temporada teatral. Jurgens quería contratar a una auténtica bailarina española, con dominio de las castañuelas y reputación como tal.

En New York la competencia del Eden Musée presentaba una bailarina española, Carmencita, que en realidad era hija de un albañil polaco y había nacido en Aliquippa, Pennsylvania, por lo que Jurgens necesitaba encontrar a quien pudiera eclipsar a Carmencita.

A pesar de que en París había varias figuras españolas de todo tipo, ninguna a juicio de Jurgens tenía las condiciones para superar a Carmencita que poseía un gran talento. Así fue como este tranquilo padre de familia de 36 años tuvo la mala suerte de conocer en un cabaret de provincia a una desconocida de quien se enamoró a pesar de que ésta ganaba más dinero con la prostitución que con el baile.

**La Bella Otero**

Es de esta forma que un enamorado gerente convierte a una bonita prostituta bailarina de un *tugurio* de Marsella en una de las artistas más famosas de su tiempo, *La Bella Otero*.

Para lograr el triunfo de Eden Musée, que en realidad era un circo museo que presentaba espectáculos, sobre la competencia Koster & Bial's y su Carmencita, era necesario basar su promoción en una bailarina realmente española, por lo que entre otras cosas el enamorado administrador colocó una bandera española sobre la entrada del Eden Musée.

La Bella Otero

Una familia cubana exilada en New York invitó a Martí a presenciar el espectáculo de la bailarina andaluza, de la que la competencia había divulgado que en realidad era gallega. Martí declinó la invitación porque para entrar había que pasar bajo la bandera española. (Según el libro de Blanca Z. de Baralt titulado "El Martí que yo conocí" fueron su marido, su cuñada Adelaida Baralt y ella los que habían invitado a Martí y los que finalmente lo acompañaron).

El éxito de la Bella Otero en la ciudad de New York fue tan rápido como extenso y la muchacha que antes de llegar a la ciudad había sido alumna en París del más famoso profesor de teatro, Ferdinando Bellini, a quien su enamorado descubridor pagó una enorme suma para que transformara el oscuro carbón en esplendoroso diamante.

Aún cuando después de su primera actuación en New York, Acton Davies, crítico del New York Sun, resumió la actuación de la Bella con estas palabras *"he visto cantar a la Otero y la he oído bailar"*; la opinión del profesor parisino se impuso: "sus medidas: 97-53-92, con 51 kilos de peso y un metro setenta de altura harían que el talento no fuese todo en el mundo de la escena. La muchacha tenía algo igualmente valioso: **tenía fuego,** en los ojos, en el pelo y sobre todo sensualidad en cada uno de sus movimientos".

El impacto de la Bella hizo que no fuese necesaria la bandera sobre la entrada del Eden Musée, por lo que fue retirada, aceptando entonces Martí la invitación de la familia cubana. La hermosa poesía no deja lugar a dudas de que Martí coincidió con el profesor francés en la apreciación de la Bella.

Esta amoral y hermosa mujer contó entre sus amantes desde William K. Vanderbilt, el millonario newyorkino, hasta Reyes y Príncipes. Sus biógrafos relatan que la inmensa fortuna que amasó con los regalos de sus amantes, la dilapidó en los casinos y terminó su muy larga vida viviendo de una pequeña pensión que recibía de uno de ellos. Según los comentarios de la época, fue el Rey Leopoldo de Bélgica quien creó esa pensión a favor de su antigua *cocotte*.

En 1954 María Félix hizo una película muy mala sobre la vida de la Bella Otero, porque a pesar de la belleza de María Felix, resultó muy poco creíble. La Félix fue incapaz de encarnar a la estrella del Eden Musée y el Follies Bergere que había sido la causa de que siete hombres, comenzando con su descubridor Ernest Jurgens, eligieran morir al no conseguir sus favores.

Si alguien como yo desea visitar Valga, la aldea donde nació la Bella, deberá tomar la carretera de Pontevedra a la Coruña y al llegar a Padrón, de donde son los famosos pimientos, ya estará a poco más de un kilómetro de Valga, donde no encontrará nada de interés.

## LA BAILARINA ESPAÑOLA
Por: *José Martí*

El alma trémula y sola
Padece al anochecer:
Hay baile; vamos a ver
La bailarina española.

Han hecho bien en quitar
El banderón de la acera;
Porque si está la bandera,
No sé, yo no puedo entrar.

Ya llega la bailarina
Soberbia y pálida llega
¿Cómo dicen que es gallega?
Pues dicen mal: es divina.

Lleva un sombrero torero
Y una capa carmesí
¡Lo mismo que un alelí
Que se pusiese un sombrero!

Se ve, de paso, la ceja
Ceja de mora traidora
Y la mirada, de mora
Y como nieve la oreja.

Preludian, bajan la luz
Y sale en bata y mantón
La virgen de la Asunción
Bailando un baile andaluz.

Repica con los tacones
El tablado zalamera
Como si la tabla fuera
Tablado de corazones

Y va el convite creciendo
En las llamas de los ojos,
Y el manto de flecos rojos
Se va en el aire meciendo.

Súbito de un salto arranca;
Húrtase, se quiebra, gira;
Abre en dos la cachemira,
Ofrece la bata blanca.

El cuerpo cede y ondea;
La boca abierta provoca;
Es una rosa la boca;
Lentamente taconea.

Recoge, de un débil giro,
El manto de flecos rojos,
Se va, cerrando los ojos,
Se va, como en un suspiro.

Baila muy bien la española
Es blanco y rojo el mantón,
¡Vuelve, fosca, a su rincón
El alma trémula y sola!

# El Conde Cañongo y el Marqués de Comillas

Para los habaneros "de verdad" el Callejón del Conde Cañongo es de una sola cuadra de largo, de la calle Galiano (Avenida de Italia) a la calle San Nicolás, al lado norte de la Parroquia de Monserrate.

En 1816, el Rey de España le otorgó el título de "Conde de San Esteban de Cañongo" a Don Agustín Valdés Pedroso, siendo éste el primer adquirente de este título, con la obligación de pagar lanzas y media annata.

**Iglesia de Nuestra Señora de Monserrate**

El primer Conde lo fue desde el 7 de julio de 1816 al 4 de agosto de 1821, en que falleció en La Habana.

¿Méritos? Un caficultor del sur de la provincia de La Habana, con dinero para pagarle al Rey...

A la muerte del primer Conde, el título fue heredado por su sobrino Agustín Valdés Aróstegui, porque el primer Conde no dejó sucesión.

Debido a los malos tiempos económicos para el negocio de producir café durante la tercera década del Siglo XIX, el capital del Conde se perdió y el pomposo título de Conde de San Esteban de Cañongo quedó reducido a un pequeño callejón que sólo permite el acceso lateral y la ventilación en la Parroquia de Nuestra Señora de Monserrate.

No tuvo igual suerte Antonio López y Brú, comerciante catalán que fabricó una inmensa fortuna en Cuba en el negocio marítimo y basándose en ella, el Rey de España lo nombró como el primer "Marqués de Comillas". Al morir el primer Marqués sin haber dejado hijos, heredó el título su hermano Claudio Segundo Bonifacio Antonio López y Brú, nacido en Barcelona. Este hermano dejó de usar sus tres primeros nombres, haciéndose llamar Antonio López y Brú, como su fallecido hermano. Al fallecimiento de éste el título lo heredó su hijo, siendo el tercer Marqués de Comillas.

Los hermanos Antonio y Claudio López en 1839 estaban en el comercio de productos coloniales en Santiago de Cuba y en 1848 junto con Manuel Calvo Aguirre y Patricio Satrústegui fundaron la Compañía de Navegación Transatlántica, que sólo navegaba con barcos de vela. Siendo Manuel Calvo la eminencia gris y defensor a ultranza, tanto en Madrid como en La Habana de los intereses económicos y políticos de los sectores más españolistas y reaccionarios, el nombre de la compañía de navegación, que ya contaba con vapores fue cambiado al de Antonio López y Cía.

El transporte esclavista dejó de ser negocio lucrativo, y los vapores-correo comenzaron a trasladar a Cuba en las mismas condiciones a los desdichados *quintos*. En septiembre de 1870 habían transportado a la isla 90,000 peninsulares. La mayor competencia de la Transatlántica y Antonio López la representó el tristemente recordado Julián de Zulueta, también premiado con los títulos de Marqués de Alava y Vizconde de Casablanca, pero éste falleció en 1878, dejando todo el negocio del transporte de tropas en manos de Antonio López, Marqués de Comillas.

La compañía del Marqués de Comillas cambió el nombre al de *"Compañía Trasatlántica Española"* (perdió la N *Transatlántica*) y habiendo fallecido Zulueta, todo el negocio de trasladar las tropas a Cuba para la *Guerra de Independencia* quedó en manos del Marqués que según los registros transportó en 1895, 86,000 militares, en 1896 la cifra aumentó a 113,000 y las correspondientes a 1897 y 98, España no las hizo públicas porque fueron *"hasta el último soldado y la última peseta"*.

El Marqués supo sacar beneficios de la guerra, no sólo al usar barcos inadecuados para transportar en las peores condiciones a los soldados destinados a Cuba, sino creando una firma de seguros para la redención del servicio militar. Esta práctica de pagar para obtener la redención del servicio militar hizo posible que los "quintos" que podían pagar se libraban del servicio, aumentando el número de "quintos" en las zonas agrícolas, pobres y analfabetas, mayormente Galicia.

Al terminar la guerra en 1898 en Cuba, España le adeudaba una verdadera fortuna al Marqués de Comillas por su "patriótica" labor de transportar como ganado a los soldados que fueron enviados a una guerra injusta, y que desde el principio sabían no podrían ganar.

En el *"Tratado de París"*, tratado vergonzoso para las dos naciones que lo firmaron al no haber invitado a formar parte al país que había ofrendado la vida del treinta por ciento de su pueblo y la totalidad de su riqueza, España manifestó no contar con los medios económicos para repatriar a sus tropas en Cuba y Puerto Rico, por lo que los Estados Unidos pagaron los gastos de repatriación.

Para no ser responsables de las condiciones del viaje de regreso, Estados Unidos le contrató al Marqués de Comillas la repatriación de 147,000 efectivos del ejército.

Si la tropa fue maltratada cuando venía a ganar, cómo habrá sido cuando regresaban vencidas.

El Marqués de Comillas, recuperado su capital, fue un benefactor generoso de la Iglesia Católica y en forma especial de los

Jesuitas (la Compañía de Jesús) donde se destaca la Universidad Pontificia y Seminario de Comillas, aprobada por el Papa León XIII, reconocido por un león de trece dedos en el piso de la entrada principal.

Aquí cabe una anécdota que me contaba un rico cubano, al que el Padre Spiralli le pidió un fuerte donativo y al recibirlo el Padre le dijo: *"Johnny si no cambias tu forma de vivir, con esto no te salvas"*. ¡Y Johnny creía haber comprado su salvación!

Aquellos viejos trasatlánticos: el Marqués de Comillas y el Satrústegui que conocimos en Cuba fueron retirados de servicio y desguazados y el hermoso edificio del Antiguo Seminario fue abandonado y se encuentra en muy mal estado, Comillas es sólo un recuerdo histórico. Los Jesuitas en recuerdo del donante, tienen un nuevo Seminario próximo a Madrid al que llaman simplemente Comillas.

## Parroquia del Sagrado Corazón de Jesús

Este hermoso templo gótico, construido por la Compañía de Jesús entre el 7 de agosto de 1914, en que se colocó la primera piedra y el 3 de mayo de 1923 en que fue abierto al culto después de haber sido consagrado por el Obispo de La Habana, el cubano Mons. Pedro González de Estrada, se encuentra situado en la Calle Reina (oficialmente llamada Simón Bolívar) en la Ciudad de La Habana.

En época remota hubo una pequeña capilla del otro lado de la calle dedicada a San Luis Gonzaga, por lo que la calle tomó su nombre dejando atrás el anterior de Camino de San Antonio. Estimo que dicha capilla no haya sido considerada al tomar la decisión de construir el nuevo templo, porque dicha capilla fue demolida por razones militares antes de la Toma de La Habana por los ingleses. En 1844 el Gobernador de Cuba O'Donnel mejoró el trazado de la Calzada y la nombró "Reina" en honor a la Reina María Cristina, viuda de Fernando VII.

Al regresar la Compañía de Jesús a Cuba se le entregaron las antiguas facilidades de los Belemitas en La Habana Vieja, siendo esto la causa para que el colegio jesuita en La Habana primero y más tarde en Marianao se llamara Colegio de Belén. Las facilidades tenían una gran escuela y una iglesia de culto público, pero en los comienzos del Siglo XX la población habanera se movió al oeste de la ciudad y los Jesuitas trasladaron la escuela a unas modernas facilidades en Marianao, por lo que necesitaron un templo en La Habana dedicado a sus ministerios.

Contando con la ayuda de unas ricas familias habaneras, Narciso Gelats, Carmen Zozaya, Francisco del Valle y Francisca Grau, familias que hasta la implantación del gobierno revolucionario continuaron siendo mecenas de los jesuitas y las energías del

P. Vicente Leza acometieron la construcción de lo que sería uno de los más hermosos templos de Cuba y una real arquitectura gótica.

Entre otros contratiempos que tuvieron que vencer los promotores fue el temor a que la torre de 50 metros, sobre el templo de 24 metros de altura no pudiese resistir los vientos de los huracanes habaneros. Un vasco, el Hermano Luis Gogorza, SJ, experto en construcción y el arquitecto Eugenio Dediot aceptaron el reto y por 80 años La Habana ha mostrado a sus habitantes y visitantes una estructura gótica de 74 metros de altura.

**Iglesia de Reina**
Parroquia Sagrado Corazón de Jesús

El pórtico es impresionante, una gran imagen del Corazón de Jesús tallada en madera al centro y los santos jesuitas, Ignacio de Loyola y Francisco Javier a cada lado. Al entrar en el templo un hermoso tímpano en alto relieve de San Alonso Rodríguez, quien fuese portero del Colegio de Mallorca y patrono de los Hermanos Jesuitas. Cuando visitaba el templo siempre me preguntaba como era posible que un humilde portero, nacido en la tierra de Valeriano Weiler, hubiese podido llegar a ser vidente de la Virgen.

Las columnas del templo, tanto exteriores como interiores, tienen unos capiteles que sería imposible describir, porque muestran los pasajes del Antiguo y Nuevo Testamento. Tampoco faltan San Pedro con las llaves del Reino de los Cielos y San Pablo con sus trece cartas del Nuevo Testamento.

Igualmente llaman la atención por su belleza los numerosos vitrales de variados tamaños, fabricados en París, Madrid y San Sebastián, para un total de 169. Desafortunadamente algunos pocos no muestran todo su valor, porque al no poder ser adquiridos la totalidad de los terrenos que rodean el templo, no gozan de luz cenital.

De no menor interés son los pisos del templo, en especial su pasillo central que en figuras geométricas muestran la cruz luminosa, que en letras griegas leen *Cristo, Alfa y Omega* y otros en latín leen *Ad Mariam* y *Jesús Homo Salvator*, con lo que usan los dos idiomas bíblicos.

La Mesa del Altar principal de mármol blanco y gran tamaño tiene en su cara delantera una espléndida placa de bronce con el mensaje esperanzador del último libro de la Biblia: *"vi en medio del trono el **Cordero degollado y en pie** – rico y milenario símbolo de Cristo muerto y resucitado– y oí la voz de innumerables ángeles y seres vivientes del cielo y la tierra, multitud que aclama y canta"*. El cambio de liturgia, al poner al sacerdote de frente al pueblo, permite contemplar esta placa en toda su belleza.

El Retablo, obra de arte religioso del Eclesiástico y gran artista asturiano Félix Granda y Buylla, nacido en Pola de Lena, Asturias en 1868, que cursó la carrera eclesiástica en el Seminario de Oviedo y que en sus ratos libres pintaba por propio impulso, sin la dirección académica que entonces dominaba la enseñanza en España.

Para la época en que Granda se hizo cargo del diseño y construcción del Retablo de este templo en 1920, había decorado la Iglesia de Santo Tomás de Avilés, del Pilar de la Guindalera en Madrid, el retablo y pinturas murales de la capilla del Palacio del Obispo de Madrid e infinidad de custodias y cruces procesionales. En la Exposición de Arte Decorativo de 1911 en Madrid, presentó una colección riquísima de orfebrería por la que obtuvo por el voto unánime la Medalla de Oro de la Exposición.

Su fama como pintor, orfebre y tallador era reconocida a tal grado que su biografía está incluida en el Tomo XXVI, página 1059 de la Edición de 1925 de la Enciclopedia Espasa-Calpe, Universal Ilustrada.

El Retablo fue construido en Madrid en el taller *Arte Sagrado* bajo la dirección de su propietario, el P. Granda, y traído en piezas a La Habana. En el más alto capitel de las dos columnas centrales presiden sentados los ocho hombres providenciales de los primeros siglos de la Iglesia, los *"Santos Padres Latinos y Griegos"*: Basilio el Grande, Gregorio Niseno, Gregorio Nacianceno, Juan Crisóstomo, Ambrosio, Agustín, Jerónimo e Isidoro de Sevilla.

A los pies de estos obispos se encuentran unos rostros aplastados, que representan no a las personas, sino a la herejía o error sustentados por ellas.

La figura central es el Corazón de Jesús, a cuya advocación está consagrado el Templo. A sus pies, con los libros en mano están los cuatro evangelistas como simbólica y tradicionalmente son representados: Hombre (Mateo); León (Marcos); Toro (Lucas); Aguila (Juan). Ap. 4, 6-11.

Le acompañan a izquierda y derecha grupos de santos jesuitas. Rodilla en tierra destacan San Luis Gonzaga, joven italiano (1568-1591) que a los 17 años renuncia a favor de su hermano Rodolfo, a títulos nobiliarios y herencia para entrar en el noviciado jesuita en Roma y siendo estudiante, muere sirviendo a los enfermos de peste; y el también joven Estanislao de Kostka (1550-1568) nacido en Polonia, que estando enfermo recibe orden de la Virgen María de entrar en la Compañía de Jesús y muere siendo novicio.

Estos dos santos han sido nombrados patronos de los jóvenes y del noviciado, respectivamente.

El retablo muestra asimismo Santos y Doctores de la Iglesia a ambos lados de la figura de Jesús. A los pies de la imagen del Corazón de Jesús un letrero en latín lee:

LAUDEMUS VIVOS GLORIOSOS ET PARENTES NOSTROS IN GENERATIONE SUA (Honremos a los gloriosos santos, antepasados nuestros, en distintas generaciones. (Eclo. 44.1)

Quedan infinidad de pasajes y personajes incluidos en los capiteles de las columnas, los vitrales y los altares laterales, mas, para terminar deseo resaltar dos motivos muy especiales.

El Templo cuenta en la parte alta de la nave central con un órgano de tubos de tres teclados, construido en La Habana por "G. de Aizpuru" hace casi un siglo. No menos interesante es la presencia de una bella imagen de la Virgen de Fátima, tallada en ese mismo lugar de Portugal por el escultor de la Imagen original que se venera en Fátima y que fue traída a La Habana al terminar la Segunda Guerra Mundial.

Una de las casas de la Calle Reina, la número 147, demolida para la construcción del templo fue donde el 7 de diciembre de 1866 falleció Gaspar Betancourt Cisneros *"El Lugareño"*.

# El Palacio de Aldama

El edificio de carácter privado más hermoso construido en La Habana durante el Siglo XIX es sin lugar a dudas o posible comparación, el conocido como **Palacio de Aldama**, sito en la calle Amistad en la cuadra de la calle Reina a la calle Estrella.

Esta mansión de estilo neoclásico, que según el Arquitecto Joaquín E. Weiss merece el apelativo de **Palacio** con que se designa, fue construida en 1840 por el Ingeniero Manuel Carrerá, para el acaudalado vasco Domingo de Aldama y Arréchaga. Este **Palacio** es en realidad dos casas contiguas, que como dice el profesor Weiss fueron tratadas como una unidad arquitectónica, de excepcional monumentalidad. El propietario dedicó una de ellas para su propia residencia y la otra para su hija Rosa Aldama y Alfonso y su esposo, el eminente polígrafo y patriota, Domingo del Monte.

El **Palacio**, pues sería impropio llamarlo "estas dos residencias", tenía dos hermosas entradas, una por la calle Reina, hoy oficialmente *Simón Bolívar* y la otra por la calle Amistad, frente a la actual Plaza de la Fraternidad, Campo de Marte para la fecha de su construcción.

La fachada a la calle Amistad es considerada por muchos como la más bella en su estilo en La Habana, especialmente por el impresionante y amplio portal, de altísimo puntal que cubre tanto el piso bajo como el entresuelo, con la columnata arquitrabada que dejó a las arcadas usadas hasta la fecha. El segundo piso que se extiende sobre el portal formando parte por tanto de la fachada, apilastrado, de orden jónico, y con los huecos coronados con bellas cornisas y balconada corrida con barandas de hierro fundido y elegante diseño, completan un conjunto realmente hermoso.

El Arquitecto José M. Bens, que al igual que el Arquitecto Weiss ha estudiado en detalle la arquitectura habanera, dice en una monografía sobre el **Palacio de Aldama** lo siguiente:

**Entrada por la calle Amistad**

"Con el mismo acierto de sus exteriores, y empleando también la unidad que le dio el proyectista al **Palacio de Aldama**, ejecutando toda su fachada principal en un mismo plano, sin cuerpos salientes, dejando con la pureza de los perfiles de sus elementos, que estos formasen un gran todo, para que fuese una masa o conjunto el que predominase, y no tal o cual cuerpo más o menos avanzado, esta cualidad, junto con las majestuosas proporciones de cada uno de los motivos escogidos hacen de este palacio una composición de primer orden que ornamenta La Habana y crea un acertado fondo, en esa cuadra, a la hoy Plaza de la Fraternidad.

Pero si los exteriores son de mano maestra, la decoración interior fue hecha, al igual, por verdaderos artífices, y se observa que las pinturas pompeyanas de los artesonados son bien de su época, pero no sólo de la época que se vivía en Cuba, sino de lo que se hacía por entonces en Italia.

La fina belleza de sus artesonados y la delicadeza de los motivos escultóricos de sus frisos bastarían para catalogarlo como una obra de arte; pero hay más: la variedad de los pisos de mármol, verdaderas joyas de composición por sus dibujos y colores, las bellas rejas interiores de estilo *Imperio* y las jambas de madera que enmarcan los huecos, todo esto reafirma nuestro criterio de que es la más valiosa obra que se levantó en La Habana durante el Siglo XIX".

**Esquina de Amistad y Reina**

Si el exterior del **Palacio** es impresionante, sus patios interiores, al estilo de los grandes Palacios de Roma, cuentan con dos fuentes de mármol de Carrara; las escaleras son majestuosas por los materiales y mano de obra.

De su condición de **Palacio** basta destacar su Salón Comedor, que podía acomodar en un banquete a cien personas sentadas, contando con todo el servicio de loza y cubiertos para ello.

Kart Vossler, el eminente humanista alemán, al visitar La Habana, corroboró estos conceptos, diciendo que el **Palacio de Aldama** "de tal majestuosidad y belleza, que no desentonaría entre los palacios de las grandes ciudades italianas".

Este magno edificio, obra de dos grandes, el ingeniero Carrerá y del polígrafo patriota cubano Domingo del Monte, por cuyo epistolario se ha comprobado que él mismo dio al ingeniero las ideas generales y muchos detalles para la futura construcción. Domingo del Monte habitó por varios años en este **Palacio**, donde organizó famosas tertulias literarias en las que contribuyó a la formación de José Jacinto Milanés, Ramón Palma, José Antonio Echeverría y tantos otros intelectuales prestigiosos, al tiempo que patrocinó la publicación de algunas de sus obras.

El segundo propietario del **Palacio** por herencia de su padre, lo fue Miguel de Aldama y Alfonso, excelso patriota y figura de primera fila no sólo por su posición económica y si por ser espejo de la más exaltada cubanía; que le llevó a morir en el exilio y en la pobreza, por haberle sido confiscados por el Gobierno Español todos sus bienes.

Habiendo estado Aldama fuertemente relacionado con las conspiraciones de Narciso López, el gobierno colonial en lugar de castigarlo y debido a su poder trató de atraerlo cuando en 1864 el Rey de España le ofreció el título nobiliario de Marqués de Aldama, el que rechazó. Al mismo tiempo el pretendiente al trono de España, Don Carlos de Borbón le ofrecía el cargo de Gobernador y Capitán General de la Isla de Cuba, si se unía a su causa, lo que igualmente rechazó.

Miguel de Aldama sólo quería ser un buen cubano y luchar por la causa de su patria, por lo que tanto él como su **Palacio** sufrieron la venganza y la saña española tan pronto como estalló en Oriente la Guerra de los Diez Años. La saña dio sus primeros pasos con la furia de los frenéticos "voluntarios del comercio" que en la noche del 24 de enero de 1869, tras tirotear a los pacíficos vecinos del Café El Louvre hicieron víctima de sus odios al **Palacio** y a los tres miembros de la servidumbre, robando todo lo de valor, incluyendo los pequeños ahorros de los sirvientes.

Las familias de Aldama y Del Monte se libraron de la muerte a manos de aquellos forajidos con uniformes, por encontrarse en su ingenio Santa Rosa, de donde partieron a los Estados Unidos. El Gobierno Colonial respondió a aquella barbaridad confiscándole sin compensación todos los bienes de ambas familias.

En los primeros años de la República se instaló en este gran **Palacio** una fábrica de tabacos de propiedad norteamericana, aunque llamada Tabacalera Cubana, S.A. Aún cuando el historiador Emilio Roig de Leuchsenring en sus apuntes históricos alega que dicha fábrica le agregó todo un piso, el tercero que aún existe, esto no es cierto, y solamente le modificaron el medio del remate de la azotea en la fachada a la calle Amistad, para crear un frontón con el nombre de "La Corona, Fábrica de Tabacos".

Esta fábrica operó en el **Palacio** desde la década de 1920 hasta mediados de los años cuarenta, fecha en que trasladaron sus operaciones al área de New York y a la fábrica de su propiedad en la Calle Zulueta, hoy Ignacio Agramonte Núm. 106.

En 1946, habiendo sido declarado el **Palacio** Monumento Nacional por el Presidente de la República, Dr. Ramón Grau San Martín, fue adquirido por Paul González de Mendoza y Goicoechea, instalando en la esquina de las calles Amistad y Estrella, las oficinas del Banco Hipotecario Mendoza, de su propiedad. Esta delicada y hermosa restauración fue realizada por el Arquitecto José M. Bens.

Con el paso de los años se fueron estableciendo otros comercios en el **Palacio**, manteniendo éste su majestuosidad, que si posible era resaltada por el gran comercio de flores y plantas artificiales que diariamente se instalaban en la amplia acera frente a los portales de la calle Amistad.

Vendedores en los portales de la calle Amistad

## La Plaza del Vapor

Debido al gran tráfico marítimo del Puerto de La Habana, cuyos barcos requerían ser avituallados, el continuo crecimiento de la población urbana y la pobreza y escasez de suelos para la agricultura dentro de la ciudad hicieron necesario el establecimiento de mercados de abastos, desde los primeros años de la villa que sería la gran ciudad.

El primer mercado público que dejó huellas en la historia se estableció en lo que hoy es la Plaza de San Francisco, junto al Puerto, al que servía al tiempo que de él recibía los productos que llegaban en las pequeñas embarcaciones de cabotaje.

Ante las protestas de los Frailes Franciscanos, a quienes les causaban grandes molestias las operaciones del mercado junto a su Templo y Monasterio, las operaciones fueron trasladadas a pocas cuadras, en lo entonces llamado "Plaza Nueva" y que nuestra generación conoció como *La Plaza Vieja*. Esta Plaza es la sita entre las calles Teniente Rey, San Ignacio, Muralla y Mercaderes.

En estas dos plazas los comerciantes ofrecían sus productos en *tarimas de madera,* mayormente descubiertas hasta 1835, en que el despreciable Gobernador Tacón, fabricó un edificio de mampostería, al que llamó *Mercado de Cristina* en honor a la entonces Reina de España. Al mismo tiempo que el Mercado de Cristina funcionó en forma no oficial la *Plaza Nueva del Cristo*, a la que el propio Gobernador Tacón mandó construir un conjunto de casillas de mampostería.

Según el historiador Federico Villoch, a esta Plaza se le llamaba *"El Mercado de las Lavanderas"* por ser el lugar en que las negras viejas, después de oír Misa en la Iglesia que le da nombre a la Plaza, se reunían esperando que los criados de las casas ricas las contrataran para "lavar la ropa sucia en casa" y tenderla en la azotea.

En la cuarta década del Siglo XIX se construyeron unas sólidas facilidades de mampostería en lo que se llamaría **Mercado de Colón**, en las calles Canteras, que después sería llamada Colón, desde Águila hasta Crespo. Esta barriada tomó el triste nombre del **Barrio de Colón**.

Según cuenta el historiador Arrate, desde 1818 habíase construido una edificación en forma de octágono, con casillas de madera sobre ruedas, para servir de mercado a los vecinos del área. El solar dedicado a este uso estaba formado por las calles Galiano, Reina, Aguila y Dragones. Si quieren los nombres oficiales diremos: Avenida de Italia, Simón Bolívar, Rafael María de Labra y Dragones, respectivamente.

En dicho edificio el catalán Francisco Marty y Torrens, alabardero del déspota Capitán General y Gobernador de la Isla Miguel Tacón, poseía una fonda, en la que había colocado por el lado de Galiano un gran cuadro del Buque **Neptuno**, el primer buque de vapor en hacer viajes de cabotaje entre La Habana y Matanzas, por lo que el habanero la identificó como la **Plaza del Vapor**.

Mercado de Tacón

En 1836, este Francisco Marty y Torrens, quien con los auspicios del Gobernador Tacón edificaría el Gran Teatro Tacón, al que bajo la República y como parte del Centro Gallego de La Habana se llamaría *Nacional*, había construido con frente a la bahía y muy próximo al Seminario una pescadería, donde desde muchos años antes se realizaba el comercio de la pesca; recibió la autorización para construir un gran mercado que se llamaría **El Mercado de**

**Tacón**, en los terrenos donados al efecto por su propietario Antonio de la Luz y Poveda y que ocupaban la extensa manzana donde estaba la **"Plaza del Vapor"**.*

La prensa de la época describe la nueva construcción como un edificio de vastas proporciones, que se caracteriza por sus colosales arcadas de *sillería*, que comprenden la altura del piso bajo y del entresuelo, sobre las que descansa el piso principal, de sobria decoración, no exenta de elegancia.

Originalmente había tenido una alta bóveda central con estructura metálica que cubría un gran patio interior. En 1873 sufrió un gravísimo incendio, lo que dio lugar a una total reconstrucción.

En 1918 dejó de ser *mercado de abasto y consumo* y se demolieron las estructuras de metal, dejando un enorme patio interior de tales proporciones que permitían jugar balompié y pelota (baseball). Una residente de las más de 200 habitaciones del entresuelo y la planta superior jugaba ambos deportes, llegando a ser muy popular entre los residentes, comerciantes y visitantes, la apodaban **"Villalla"**. Un inquilino distinguido lo fue el Dr. José Pulido, médico graduado con honores de la Universidad de La Habana.

Los comercios que permanecieron en la Plaza más de 160, cubrían todo tipo de negocios: frutas, mariscos, barbería, sastrería, zapatos, sombreros y cuanto pueda uno imaginar, más el mayor expendio de billetes de lotería.

En la esquina de Galiano y Dragones, había una sastrería llamada *"La Perla de Tacón"* propiedad de José y Luis García Suárez, asturianos con larga residencia en Cuba.

**Galiano y Dragones esquina de la sastrería "La Perla de Tacón"**

Cuando en 1947, el Ministerio de Sanidad ordenó la clausura del Segundo Mercado de Colón, para los habaneros la *Plaza del Polvorín*, los comerciantes fueron trasladados para el gran patio central de la *Plaza del Vapor,* en condiciones temporeras. Se terminaron los juegos de balompié y pelota.

Al inicio del Gobierno Socialista, los comerciantes de la Plaza del Vapor y los que habían llegado de la Plaza del Polvorín fueron trasladados al solar de la calle Amistad entre Estrella y Monte, donde por años había estado la Academia de Baile Marte y Belona, demolida poco tiempo antes. La construcción temporera de madera y zinc, primera muestra habanera *tercermundista*, no tenía capacidad para todos los comerciantes, por lo que muchos, al igual que todos los residentes quedaron desamparados.

El gobierno socialista, aún cuando no tenía uso definido para la parcela de la *Plaza del Vapor*, ordenó la demolición, con lo que pudo emplear a los campesinos que habían llegado a La Habana como soldados de Gutiérrez Menoyo, sin el peligro de integrarlos al Ejército Rebelde. ¡Nació con Tacón y terminó con Castro!

\* Nunca nadie preguntó el por qué las rejas de los balcones tenían las iniciales "**MT**", que Francisco Marty fundió en Honor de Tacón.

## La Manzana de Gómez

Este hermoso edificio que ocupa en su totalidad la manzana de terreno limitada por las calles Monserrate, Neptuno, Zulueta y San Rafael, en el llamado Reparto Las Murallas, por haber sido estos terrenos anteriormente ocupados por la muralla que protegía la ciudad, fue iniciada por los herederos de Julián de Zulueta Amondo, natural de Anúcita, Alava, quien falleciera en La Habana, no sin antes haber sido Consejero de Administración de Hacienda, Alcalde Municipal de La Habana, Diputado a Cortes por Alava, Senador Vitalicio del Reino, tratante de esclavos y de chinos *"coolies"*, constructor del ferrocarril de Caibarién a Zaza y reclutador de voluntarios en España para luchar contra los cubanos en la Guerra de 1868-1878.

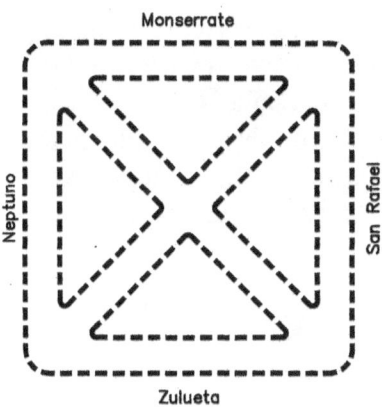

**Planta de la Manzana de Gómez**

Por su gran fortuna y servicios a la Corona Española, recibió de ésta el título de Marqués de Alava. Los hijos del señor Zulueta contrataron al prestigioso arquitecto español Pedro Tomé y Verecruisse, quien había realizado grandes obras civiles en Madrid y otras oficiales en La Habana.

La construcción de este edificio, de tan grandes proporciones para su época dado que ocupa 10,000 metros cuadrados de planta frente al Parque Central de La Habana, se comenzó a construir en 1890, pero la *abolición de la esclavitud*, el clima económico antes de la Guerra de Independencia y la desmedida expansión de las actividades azucareras de la familia Zulueta, obligó a paralizar las obras de construcción por lo que por muchos años los habaneros las llamaron *"Las Ruinas de Zulueta"*, no por el apellido del propietario, sino por estar situadas en la céntrica calle que lleva su nombre.

El concepto arquitectónico desarrollado por el arquitecto Pedro Tomé incorporó los soportales que tanto identifican a La Habana, al tiempo que eliminó el uso de entresuelos comunes en la época. Sin duda que la mayor atracción de este edificio son los amplios pasajes interiores que cruzan la planta en diagonal, proveyendo a los comercios grandes vidrieras a los pasajes, por lo que podemos decir que fue un adelanto a los actuales **"malls"**.

En los primeros años del Siglo XX y siendo ya su propietario el azucarero José Gómez Mena, la construcción fue terminada con sólo la planta baja, dedicada a comercios al detalle. En la amplia azotea se construyeron dos teatros, ambos con el nombre de *Politeama*, el grande y el pequeño.

Estos teatros fueron de corta vida, porque en 1917, Francisco Ramírez Ovando construyó cuatro pisos superiores conservando su estilo original y sus fachadas neoclásicas.

**Manzana de Gómez con teatros Politeama**

En el centro del edificio, donde se cruzan los dos pasajes interiores, las plantas altas se retiran dejando un alto puntal coronado por un techo de cristal, que junto a los adornos en el piso destacan y atraen al caminante al interior del Edificio.

Aquí en el centro y junto a una de las paredes, un busto del propietario José Gómez Mena, cuyo escultor fue tan fiel en su trabajo que destacó un defecto físico sobre uno de los ojos del señor Gómez Mena, dando lugar a que los habaneros le llamáramos *"Pepe Chichón"*.

En la planta baja los distintos comercios, mayormente dedicados a zapatos y ropa de hombre, contaban con grandes marcas y establecimientos de prestigio como las sastrerías *El Dandy, Monsieur, Orbe, Peerless, El Sol, Ladislao Pérez* y peleterías como *La Bomba, El Lazo de Oro, La Libertad, El Pasaje* y muchos otros.

Junto a estos comercios detallistas, llamaba la atención un gran café, *El Salón H*, supuestamente propiedad de unos hermanos, pero usando los términos actuales eran sólo una fachada para *"blanquear"* otras operaciones.

El sistema fiscal cubano heredó de España un impuesto casi imposible de fiscalizar, el **Sello del Timbre**. Toda factura, recibo, pagaré, etc., debía tener fijado los **sellos** según el valor del documento. Para complicar aún más el cumplimiento, los sellos mostraban el Año Fiscal y el Gobierno sólo vendía los del Año Fiscal Vigente, por lo que si algún documento de años anteriores necesitaba cancelar **Sellos del Timbre**, el *Salón H* se los vendía a un gran sobre precio.

Adicionalmente si un comerciante, mayormente contratistas, no tenía fondos para cubrir la nómina semanal, el *Salón H* le cambiaba el cheque. Los negocios del *Salón H* eran con el Banco de Crédito e Inversiones, cuya única oficina estaba en Zulueta y Trocadero, siendo propiedad de Amletto Battisti Lora, identificado con los juegos de azar y la usura.

En los cuatro pisos superiores había toda clase de oficinas de abogados, corredores de seguros, comisionistas, notarios y dos grandes Academias Comerciales, la **Academia Pittman** en el segundo piso y la **Academia Gregg** en el quinto piso.

Este tipo de academias comerciales rendían un gran servicio al formar en la práctica de oficina, mecanografía, taquigrafía, teneduría de libros, archivo, etc., a jóvenes que se integraban al trabajo a temprana edad.

Era frecuente ver en los pasillos de la **Manzana de Gómez** a las que Eladio Secades en sus *"Estampas de la Epoca"* llamó novias de juzgados, que acudían a contraer Matrimonio Civil ante alguno de los notarios con oficinas en las plantas altas.

Una de las firmas de abogados era especialista en *Registro de Marcas y Patentes,* pero la que no tenía igual en toda La Habana era la del Dr. Carlos M. Palma.

*Carlos M. Palma "Palmita"*, era doctor en Derecho de la Universidad de La Habana, que desafortunadamente le tocó vivir en La Habana de mediados del Siglo XX, por lo que era mulato, hoy sería *"caribeño o latino"*.

El Dr. Palma era el director, productor y propietario de la Revista de Espectáculos **"Show"** con gran circulación, no sólo en Cuba, sino también en todo el mundo hispano.

Cuando el extraordinario coreógrafo de Tropicana, Rodney, descubría una bailarina o montaba una nueva coreografía solicitaba la ayuda de *Palmita* y el éxito estaba asegurado.

Han pasado muchos años y no he continuado mis relaciones con el mundo artístico, por lo que la memoria puede traicionarme, pero me tomo el reto: Lina Salomé y Las Mamboletas nacieron en las oficinas del Dr. Palma en el segundo piso de la Manzana de Gómez.

# La Institución Inclán

Los hermanos Manuel y Gustavo Inclán nacieron en La Habana de una familia humilde, quedando huérfanos siendo niños y sin protección alguna, por lo que tuvieron que trabajar arduamente en La Habana de fines del Siglo XIX, afectado por la lucha criolla por la Independencia de la Patria.

Aprovechando la bonanza económica de los primeros años republicanos lograron acumular una considerable fortuna para la época. No habiendo contraído matrimonio ninguno de los dos, determinaron legar por testamento la cantidad de $600,000.00 para la fundación de una escuela de artes y oficios para niños que como ellos, fuesen pobres.

Manuel falleció en 1910 y Gustavo en 1915, por lo que el cumplimiento de su voluntad testamentaria quedó en manos del abogado Francisco Angulo y Garay, muy vinculado a los hermanos Inclán y quien gozaba de reconocida probidad y capacidad.

El abogado Angulo consultó al Obispo de La Habana, el cubano Monseñor Pedro González Estrada, a quien la Iglesia Cubana le debe reconocimiento cuando las condiciones lo permitan, y el Obispo le indicó que buscara la opinión de la Compañía de Jesús.

Es posible que la indicación del Obispo se basara en la condición de maestros y en que en el Convento de Belén había operado una Escuela Elemental gratuita, con fama que de allí salieron muy buenos "plumarios" o escribientes, y a que en la calle Jesús María No. 10 entre Las Damas y Habana funcionaba la Escuela Gratuita de Belén, aunque sin vínculos con el Colegio de los Padres Jesuitas.

La respuesta de los Padres Jesuitas fue: ¿Un Colegio de Artes y Oficios para niños?... *es Misión de los Padres Salesianos.*

Muchos años más tarde la Compañía fundaría una magnífica Escuela de Artes y Oficios, la Escuela Electromecánica de Belén, junto al Colegio en Marianao.

Los Padres Salesianos no estaban establecidos en la Diócesis de La Habana y sólo el Padre José Calasanz Marques, SDB, quien ha sido declarado **Beato** por su Santidad Juan Pablo II, se encontraba en La Habana para facilitar la comunicación con la Srta. Dolores Betancourt, la gran donante de la Escuela Salesiana de Camagüey, quien en esa fecha residía en La Habana.

El P. Calasanz informó sobre el particular a los Superiores de Turín mediante carta de la que copiamos: "El Señor Obispo de ésta no sólo ve con buenos ojos una fundación nuestra en La Habana, sino que la ansía con todo su corazón. Varias veces me ha repetido que es uno de los puntos de su programa episcopal. Cuantas veces he ido a su residencia, y han sido muchas en estos días, me ha preguntado con el mayor afecto cómo va nuestra obra."

Debido a la Primera Guerra Mundial, el inicio de la obra sufrió un retraso de cuatro años, lo que permitió que el abogado Francisco Angulo, demostrara su dedicación, capacidad y honradez al hacer que los fondos donados por los hermanos Inclán aumentaran a un millón de dólares.

Para que puedan estimar el valor del dinero en esa época sólo diremos que la manzana de terreno situada en la Loma del Mazo, que fue adquirida el 14 de mayo de 1919, costó $47,500.00.

La construcción del amplio e imponente edificio de cuatro plantas le fue confiada al Ing. Leonardo Morales, vinculado con otras obras de la Iglesia. Para no afectar los fondos de construcción, el P. Calasanz se mantenía trabajando en la Parroquia de Jesús del Monte junto al Párroco Mons. Menéndez. Como curiosidad copiamos de una carta del Arzobispo de La Habana Mons. Evelio Díaz Cía al P. Enrique Méndez, SDB: "estando él en la Parroquia de Jesús del Monte, yo era allí monaguillo en mis tiempos de seminarista."

Los trabajos de construcción se iniciaron en 1921 y tan pronto como en 1923 habían preparado un área para impartir clases elementales y capilla. **Fue en febrero de 1927 que se llevó a efecto la Inauguración Oficial de la Institución Inclán,** a la que asistió el Presidente de la República, Gerardo Machado y otras autoridades civiles y eclesiásticas.

Institución Inclán en la Víbora

Los alumnos de la Institución eran becados, pensionados y externos, que recibían instrucción en los campos educativos: elemental, intermedio y superior-técnico; además en los Oficios de imprenta, encuadernación, ebanistería y mecánica.

Son muchos los graduados de la Institución Inclán que se han destacado en la vida profesional gracias a la educación recibida en ella, pero sólo destacaremos la de la Familia Ramallo, que tanto en Cuba como en el exilio han desarrollado un negocio de imprenta de calidad mundial, operada hoy por la segunda y tercera generación de descendientes de los hermanos graduados en la Institución.

Por discrepancias con la Junta de Patronos que administraba el plantel, los Padres Salesianos se retiraron de la Institución, haciendo entrega definitiva de la misma al Patronato en Agosto de 1942.

Al igual que todas las otras obras sociales y educativas operadas por las Iglesias o Patronatos, la Institución Inclán fue confiscada sin indemnización por el Gobierno Comunista, que no ha podido mantenerlas, como muestra la fotografía.

## Italianos en La Habana

A mediados de la tercera década del Siglo XX La Habana había recibido un nuevo grupo de inmigrantes, con unas ideas políticas distintas a las que se promovían en la ciudad, comunismo, anarquismo y revolución política nacional, estos fueron los **fascistas italianos**.

El gobierno de Benito Mussolini, el Duce, contaba con simpatía en el pueblo cubano y adicionalmente mantenía una gran representación diplomática.

En 1936, el año en que las tropas del Duce luchaban contra el Emperador Haile Selassie en Etiopía, campaña militar que fue la primera cubierta por Herbert L. Matthews para el New York Times; los fascistas italianos organizados en Cuba, con directorio y sociedad de asistencia, que comprendía una escuela infantil, dispensario médico y encuentros post-laborales, solicitan de las Hijas de Don Bosco, o Hermanas Salesianas como son conocidas en Cuba, que se hagan cargo de la escuela.

La razón para esta solicitud era que la mayoría de las Salesianas fundadoras eran italianas, por lo que podían enseñar a los niños en su lengua materna. El 7 de agosto de 1936 la inspectora Sor Esther Muga y la Directora Sor Catalina Ferrando, a quien conocí se entrevistaron con Mons. Librado Tosti, Delegado Apostólico en Cuba, para dar su consentimiento en la aceptación de la Escuela Italiana "Rosa Maltoni Mussolini", patrocinada por los italianos fascistas de La Habana, en especial por el Príncipe de Candriano Camillo Ruspoli, residente en La Habana.

Como los italianos tenían una escuela en la casa de asistencia italiana, sita en el Paseo del Prado No. 44, algunas Hermanas se trasladan a esta casa para cuidar y educar a los niños en su lengua materna.

Mientras se preparan el reglamento y el edificio para la "Colonia Marina", los alumnos comienzan a frecuentar el Colegio de las Hermanas en la Calle Zulueta, antiguas facilidades de la YMCA, lo que facilita a las Hermanas preparar con ellos el XV Aniversario de la "Marcha hacia Roma", acontecimiento que celebraban con solemnidad los fascistas. La fiesta fue sencilla pero los presentes mostraron su satisfacción por la muy buena pronunciación del italiano, a pesar del poco tiempo que habían frecuentado la escuela.

**Escuela Infantil Italiana de los fascistas de La Habana**

La fiesta fue presidida por el Embajador de Italia en Cuba, el Príncipe Ruspoli y esposa; además de la Presidencia del Fascio, familiares de los niños y otros italianos. La escuela era de ambos sexos con unos 20 niños y niñas, bajo la dirección de la Hna. Cándida Piccardi y como subdirectora Sor Martha Mondino, a quien también conocí personalmente, pudiendo asistir a sus funerales en Villa Palmeras, San Juan, Puerto Rico.

En la playa de Jaimanitas, al oeste de La Habana, establecieron una nave para la Colonia Marina "Enmanuel Ruspoli de Candriano". En su inauguración el 31 de mayo de 1937, participaron los alumnos con las Hermanas asistentes, siendo el acto presidido por el Embajador de Italia y Autoridades fascistas.

**Colonia Marina de los fascistas de La Habana
"Emanuele Ruspoli di Candriano"**

La "Colonia Marina" tiene acceso a la playa y al mar, dormitorios para niños y niñas por separado, aulas de clases, cuartos de aseo, depósito de juguetes y artículos deportivos, comedor y cocina. La directora fue Sor Catalina Ferrando y como maestras Sor Cándida y Sor Martha, ya mencionadas anteriormente. La *Colonia Marina* contaba adicionalmente con asistencia médica, maestro de gimnasia y deportes y asistencia espiritual, que desempeñaba el Padre Francisco E. Doná, sdb.

Al comenzar a operar la nueva facilidad de Jaimanitas, La Escuela del Paseo del Prado No. 44 terminó.

Aún cuando no he podido fijar la fecha en que terminaron las actividades en Jaimanitas y el destino de las facilidades, por viejas conversaciones de familia, puedo decir que terminaron a causa de la Segunda Guerra Mundial y que la propiedad pasó a manos del oscuro periodista Lucilo de La Peña y donde el 13 de julio de 1945, Eduardo Chibás protagonizó el derribo de las cercas junto al mar.

La Declaración del Estado de Guerra a Italia, Alemania y Japón no causó grandes dificultades a los italianos residentes en Cuba y tanto los sacerdotes como los religiosos y religiosas continuaron sus labores habituales, mientras a los otros ciudadanos italianos sólo se les pidió que se presentaran cada mes en una estación de policía.

La familia de Camilo Ruspoli, Príncipe de Candriano permaneció en Cuba y hasta el año 1959, conocí y traté a su hija Margarita Ruspoli, Princesa de Candriano, que residía en el Vedado, La Habana.

Aún cuando he entrado en detalles de la obra de las Hermanas Salesianas con los italianos, por ser poco conocidas, pero no menos importante fue la obra en el Asilo "Nuestra Señora de la Caridad", más conocida como Granja Delfín.

El entonces Vicario General de la Arquidiócesis de La Habana, Mons. Manuel Arteaga Betancourt les pide durante el verano de 1936 que se hagan cargo de la dirección del asilo que con sus propios recursos había fundado en el Reparto Lawton, y que era atendido por las Religiosas del Calvario, las que le habían notificado que no podían continuar atendiendo la obra.

El documento oficial sometido por las religiosas al Consejo General en Turín, Italia, detallaba la oferta: Administrar la Obra, atender la Instrucción Religiosa de los internos de 6, 12 y

14 años y que la enseñanza y disciplina estaría a cargo de maestros y asistentes laicos.

La respuesta fechada en Turín el 19 de agosto de 1936, agradecía la propuesta de Mons. Arteaga, pero detallaba dos impedimentos: por disposición reglamentaria el Instituto no acepta niños con más de ocho años y nunca acepta la Administración sin la Dirección Interna, Disciplina Escolástica y Moral; y les pedía que con toda amabilidad y agradecimiento declinaran la oferta.

**Asilo Nuestra Señora de la Caridad
Granja Delfín, única en su género**

Debido a la necesidad de la Granja y lo lento del correo con Europa, las Hermanas se habían hecho cargo de La Granja desde el 24 de agosto, por lo que se dirigen a las Superioras indicándoles que cuando llegaron las instrucciones la obra había sido aceptada, las Hermanas estaban trabajando y no se podía dar marcha atrás.

No obstante los inconvenientes iniciales, la obra más querida de Mons. Arteaga, que sería Arzobispo de La Habana y Cardenal de la Iglesia, continuó su servicio a los niños bajo el cuidado y educación de las Hermanas Salesianas, siendo motivo de orgullo para la Iglesia Cubana.

## José López Rodríguez

Los primeros años de la República de Cuba fueron afectados por norteamericanos, ingleses y franceses aventureros, disfrazados de inversionistas, que se aprovecharon de las condiciones de la república, después de 30 años de guerra de exterminio.

Sus nombres han quedado sólo en los libros de historia, pero el de José López Rodríguez, nacido en la década de 1860, en Maside, Orense, España y que llegara a Cuba en 1880, pobre y analfabeto para trabajar con un pariente, es un caso distinto.

A los dos años de su llegada a La Habana se alejó del pariente y pasó a trabajar en una pequeña imprenta de la calle Mercaderes. Trabajaba muchas horas diarias y ahorraba cuanto podía y hasta más de lo que podía. Como alimento diario sólo engullía en la mezquina fonda de un paisano, un cuenco de caldo que le costaba cinco centavos, por lo que todos comenzaron a llamarlo "Pote", sobrenombre que sin molestarlo lo identificaría por toda su vida.

A fines del Siglo XIX, en la esquina formada por las calles Obispo y Bernaza había una sombrerería, cuyo dueño viejo y achacoso quería volver a su nativa Galicia, por lo que le traspasó el local a Pote, en las mismas condiciones que lo hacían y seguirían haciendo los comerciantes españoles, un pago en efectivo, asumir las deudas del negocio y pago aplazado.

Obispo era la calle de comercio al detalle más activa y elegante de La Habana, entoldada a todo su largo y junto con la calle O'Relly las primeras con tráfico unidireccional. Durante las horas del día era un auténtico hormiguero humano, algo así como más tarde lo sería la calle Florida de Buenos Aires, unos paseando, otros camino de la Casa de Gobierno, el Apostadero Naval, la Intendencia, la Universidad o la Almoneda.

Pote no conocía ni le interesaba el comercio de sombreros, por lo que comenzó a llenar las viejas mesas de libros, la mayoría usados y que compraba a los estudiantes por muy poco. Añadió a los libros los periódicos que recibía de la península como: El Imparcial, La Esfera, Mundo Gráfico, Blanco y Negro y otros; más los editados en La Habana, El Eco de Galicia y Galicia Moderna.

Aunque Pote no fue una persona culta, aprendió a leer y escribir posiblemente en los cursos para adultos que ofrecía el Centro Gallego de La Habana.

**Calle Obispo en la época de Pote**

Un paisano, posiblemente su maestro, le sugirió ponerle al establecimiento el nombre de "La Moderna Poesía", aún cuando además de los libros y periódicos se vendían y compraban monedas extranjeras, billetes de la Lotería Española, bienes raíces y todo lo que aumentara el capital de Pote.

Durante las guerras de Independencia, España imponía penas de confiscación y destierro, y muchos patriotas quedaron arruinados mientras los especuladores compraban las propiedades confiscadas a buenos precios y "gratificaban" a los gobernantes que les facilitaban tan pingüe oportunidad. En el Tratado de París los norteamericanos comprometieron a la naciente República a "garantizar a los españoles pacíficos y honrados el disfrute de sus bienes", pero de esa garantía se beneficiaron también los aprovechados.

Cuando terminó la Guerra de Independencia e intervinieron los norteamericanos, vio Pote una gran oportunidad para sus negocios, que no eran primariamente los libros. Ahora se dedicaba a todo, compra-venta de tierras, préstamos hipotecarios y cualquier otra actividad.

Las regulaciones norteamericanas limitaron las actividades que sus ciudadanos podían hacer en Cuba durante la **Intervención**, por lo que la North American Trust Co. necesitó y usó a Pote.

Con la ayuda del conocido, audaz y emprendedor abogado y notario español Herrera Sotolongo, que residía en la calle Obispo próximo a La Moderna Poesía, Pote adquirió los terrenos baldíos que habían en las periferias del Vedado y Marianao, en lo que sería la elegante barriada de Miramar.

**Otra vista de la Calle Obispo en tiempos de Pote**

Mientras nacía la República, Pote ampliaba La Moderna Poesía vendiendo mapas a colores, planisferios, libretas, lápices, gomas, acuarelas, etc., y libros en español editados en Barcelona. Su competencia eran la Casa Wilson y la Casa Morlón, que vendían libros en inglés y francés.

Pote fue muy hábil en hacer amistad con los miembros del Ejército Libertador, convertidos en políticos. Según cuenta Renée Méndez Capote: "cuando Pote venía a casa, se sentaban él y mi padre (el Dr. Domingo Méndez Capote fue jefe de la Mayoría Congresional de 1902 a 1906 y Vice-Presidente de la República en el segundo gobierno de Estrada Palma) en un rincón de la sala, en el que mamá tenía un juego de muebles laqueados de gris con legítima tapicería de Aubusson; una alfombra de fondo también gris con colores pálidos... Parece que Pote tenía preferencia por los tapices de Aubusson, pero tenía también la costumbre en el calor de la conversación de subir los pies en la butaca, y mi madre se estremecía, aterrada ante el poco respeto que merecían sus Aubusson.

En el año 1908, hubo elecciones presidenciales y los candidatos fueron José Miguel Gómez por los liberales y Mario García Menocal por los conservadores. Pote apoyó la candidatura de José Miguel Gómez, quien resultó ganador, con la ayuda económica de Pote.

Al asumir José Miguel la presidencia le otorgó la concesión para construir y operar un puente levadizo de acero sobre el río Almendares, que uniría sus propiedades del Vedado y Miramar, aumentando el valor de los terrenos. El puente sería de peaje, pero el uso muy limitado dado que Miramar aún no estaba desarrollado producía pérdidas, por lo que el Gobierno lo expropió. A pesar de la expropiación, el puente se llamó "Puente de Pote" hasta su demolición en 1958, para ser sustituido por un túnel bajo el río.

Al mismo tiempo, Pote adquiriría una casa anexa a La Moderna Poesía, para instalar una imprenta con la mejor maquinaria existente, para imprimir los billetes de la Lotería, papel timbrado y sellos postales.

El agradecimiento y la personalidad del Presidente José Miguel Gómez, según contaban los contemporáneos, hacían que al pasar por la calle Obispo, se detuviese para saludar a su amigo Pote, que salía de la Librería en mangas de camisa (no aceptado en la época).

Al terminar su presidencia José Miguel Gómez, lo sustituyó el candidato conservador Mario García-Menocal, que disfrutó la bonanza económica que para Cuba representó la Primera Guerra Mundial y el alto precio del azúcar.

El ya multimillonario Pote compra grandes extensiones de tierra en la Provincia de Matanzas al Este de La Habana, algunas son pantanosas, pero para él nada es imposible y construye el Canal de Roque, para drenar sus tierras. Construye un nuevo central azucarero al que nombra España. En 1915 compra los centrales azucareros "Conchita" y "Asunción" en tres millones y medio de dólares en efectivo al hacendado Juan Pedro Baró, que por haber entrado en relaciones con una mujer casada, tuvieron que trasladarse a París, por no existir en Cuba ley de divorcio. Al año siguiente los vendió en seis millones.

Pote había entrado también en el negocio bancario, creando el Banco Nacional, que de nacional no tenía nada, porque él poseía el 51% de las acciones y el presidente era el norteamericano Mr. William A. Marchant, quien había llegado a Cuba como telegrafista. Adicionalmente, Pote también controlaba el Banco Español de la Isla de Cuba.

Al capitular Alemania en noviembre de 1918, poniendo término a la guerra, el precio del azúcar comenzó a bajar en forma tal que los azúcares pignorados no cubrían el monto de los préstamos bancarios.

**Billete de cinco pesos del Banco Español de la Isla de Cuba**

El Presidente Menocal dictó una moratoria hasta el primero de diciembre de 1920, que se prorrogó hasta el 31 de diciembre y nuevamente hasta el 30 de enero de 1921, para tratar de salvar la Banca. Surgió un activo "mercado negro" de compensaciones entre los deudores y acreedores de los bancos, la Bolsa de Valores de La Habana tuvo que suspender sus operaciones.

Fueron a la quiebra todo tipo de industria y negocio, así como la banca local, incluidos el Banco Nacional y el Banco Español, controlados por Pote.

Aunque Pote tenía grandes intereses en ambos bancos, su perjuicio económico no fue tan grande, porque al quebrar el Banco Nacional, Pote tenía deudas por doce millones de dólares con el Banco, garantizadas con azúcares que no valían nada, por falta de compradores.

Con el Banco Español la situación no era la misma, porque aunque sus deudas con el Banco Español de la Isla de Cuba se remontaban a los tiempos coloniales, los españoles residentes en Cuba habían puesto todos sus ahorros en este Banco, dada la seguridad que le ofrecía Pote, el inmigrante de los éxitos y grandes negocios. Para muchos españoles, las pérdidas sufridas por la quiebra del Banco Español representaron los ahorros de toda una vida, la reserva para el regreso a España o la seguridad para el retiro tras unos duros años de trabajo. Mientras esto ocurría, Pote y sus socios españoles y norteamericanos en los bancos tenían bien guardadas sus espaldas.

La forma de vida de Pote no fue menos excéntrica que su forma de hacer negocios. Residió por muchos años en La Habana Vieja, próximo a sus negocios, más tarde adquirió de la Delegación China, una casa en la esquina de las calles L y 13 en el Vedado, que en aquella época se consideraba junto al mar.

Una casa entonada en blancos y azules, de dos pisos y un alto abuhardillado, divinamente bien puesta. En los salones y el comedor reinaban el lujo más esplendoroso y el buen gusto más exquisito. Allí todo era auténtico: los cristales, los mármoles, la plata y el bronce, los encajes de la mantelería. En la buhardilla, que parecía un enorme desván abandonado, amueblado con una mesa de madera sin pintar, una silla y un antiguo lavabo de palangana y jofaina esmaltada con una cama colombina, era donde residía Pote cuando estando enfermo lo cuidaron las Siervas de María.

Para promover sus terrenos de Miramar, construyó una casa no menos hermosa que la anterior, en la primera esquina Norte de la Quinta Avenida, casi frente a la bella fuente luminosa que él mandó a construir, junto con la Torre del Reloj.

Pote nunca contrajo matrimonio, pero tuvo dos hijos con una mulata empleada de La Moderna Poesía a los que reconoció dándoles su apellido, Caridad y José Antonio López Serrano, dos personas totalmente distintas en sus formas de pensar y actuar. El hijo José Antonio requiere una biografía tan grande como la de su progenitor.

**Fuente de la Quinta Avenida de Miramar en la época de Pote y en la actualidad**

Como era de esperar, su muerte no podía ser menos confusa que su vida. El 28 de marzo de 1921, aparecía colgado. Las conjeturas no fueron sólo entre si fue suicidio o crimen, sino también en que lugar fue que apareció. Unos dicen que en la casa de L y 13, otros que en un edificio en 23 y P, donde años más tarde estaría el Cabaret Montmartre y los otros en la casa de la Quinta Avenida que nunca vivió.

Los que se inclinan al crimen hablan de la gran fortuna que dejó y de los muchos compatriotas a los que arruinó.

Su tan accidentada vida dio origen a leyendas en ambos lados del Atlántico: que las locomotoras de sus Centrales llegaban a la Estación de La Habana mostrando la bandera española, cuando las locomotoras de los Centrales sólo podían viajar por las líneas privadas del Central; que si tuvo otro hijo mayor con otra empleada; que si el reloj luminoso de la Quinta Avenida, Pote lo mandó construir semejante al que había en su pueblo natal, (dudo mucho que en la paupérrima Maside haya habido un reloj); que si aportó para la construcción de la iglesia de Maside y costeó dos imágenes, etc.

Torre del reloj de la Quinta Avenida de Miramar

**Fuentes**:
Memoria de Emigración – Xosé Neira Vilas – Traducción del portugués por Manuel Fernández Santalices
Amables Figuras del Pasado – Renée Méndez Capote
Nueva Historia de la República de Cuba – Herminio Portel Vilá
Empresas de Cuba – Guillermo Jiménez

## Dr. José Antonio López Serrano

Al estudiar la fascinante vida del gallego José López Rodríguez, conocido en las dos primeras décadas del Siglo XX habanero como "Pote", conocimos que había tenido relaciones con una empleada mestiza de la Librería La Moderna Poesía y que de esa relación habían nacido dos hijos, José Antonio y Caridad, a los que había reconocido y por tanto llevaban su apellido y heredaron su fortuna, que aunque algo diezmada por las quiebras de los bancos, no era nada despreciable.

Caridad, su hija, se casó con el joven y bien parecido Conde de Lagunillas. A ella le interesó más la vida de gran señora y el uso de "Condesa de Lagunillas" que los negocios, por lo que sólo vivía de la renta y no ha dejado huellas de sus actividades.

José Antonio López Serrano, el hijo varón, por el contrario heredó no sólo la fortuna sino también la dedicación al trabajo, sagacidad para los negocios y si se pueden llamar "valores" morales de su progenitor, porque a pesar de ser abogado graduado de la Universidad de La Habana, engendró sus hijos sin haber contraído matrimonio y cuando uno de sus hijos anunció que se casaría, se opuso a que lo hiciera por estimar que no era necesario.

Con las habilidades heredadas y la mayor preparación, multiplicó no sólo la fortuna, sino también la diversificación de los negocios.

Aprovechando los bajos costos de construcción, en 1930 encargó a la firma de Arquitectos Mira y Rosich un edificio de 15 plantas en la esquina de L y 13, donde algunos dicen que falleció su padre, que por su silueta escalonada y extrema verticalidad, al ser terminado en 1932 fue considerado como el primer rascacielos de La Habana, aún cuando edificios de mayor altura habían sido construidos con anterioridad.

Para aumentar la imagen de rascacielos, al tope del edificio se instaló una torre de transmisión de televisión.

**Edificio López Serrano en el Vedado**

El negocio de impresión, edición y distribución de libros fundado por su padre fue ampliado al adquirir la Librería "Cervantes", en la Calle Galiano 304 y construir un nuevo edificio en 1938, diseñado también por la firma Mira y Rosich, para la "Moderna Poesía" en la esquina de las calles Obispo y Bernaza, donde había iniciado su padre el negocio de los libros.

La operación industrial de editora e impresora de libros la estableció en la calle Agua Dulce 111 y 113, en el barrio del Cerro. Para la distribución de los libros, mayormente de texto, creó agencias en varios países de América Latina.

Otra de las operaciones industrial-comercial que emprendió con éxito fue el tostadero de café, sito en la calle Obrapía 509 en La Habana Vieja, comercializado con el nombre de café "Tu-Py".

Con quien era su socio en el tostadero de café, Rogelio Novo, entró en el negocio de producción de piedras para la construcción. La Cantera Novo, ubicada en la finca Constantino en Marianao, fue la primera cantera en vender la piedra triturada por tonelada de peso, en lugar de metros cúbicos, evitando las discusiones sobre la cantidad de piedra entregada.

Operaban otras canteras en Guanajay y el Lucero. Al ser las fincas donde se explotaban las canteras propiedad de López Serrano y sus hijos de apellidos López Echarry, las mejoras que resultaban al allanar el suelo, quedaban a favor de éstos.

Sin relación con ninguna de las anteriores actividades, era el propietario de un matadero de reses de calidad mundial, cuyas facilidades en Hacendado, Rincón de los Melones sin número en el Barrio de Luyanó. Gran parte del ganado sacrificado diariamente, era suministrado por otra empresa controlada por López Serrano, "La Compañía Ganadera de La Habana".

El nombre comercial era "Matadero Industrial" y verdaderamente lo era. En las facilidades del matadero operaba el "Laboratorios Lex, S.A.", que procesaba los sub-productos del matadero para especialidades farmacéuticas, dietéticas y biológicas, así como para uso veterinario. El laboratorio fabricaba un chocolate en polvo bajo el nombre de "Polyvimil". Solamente en las actividades del laboratorio se empleaban cuatro farmacéuticos y unos 100 trabajadores.

Cuando después de la Segunda Guerra Mundial se Industrializó la crianza del pollo, López Serrano no demoró en ser unos de los mayores proveedores al mercado de La Habana, desde unas amplias y modernas facilidades en Arroyo Arenas.

Desde mis primeros años de vida, oí la historia de que el Casino Deportivo, al inicio de la costa de Marianao y muy próximo al Río Almendares, había sido desarrollado como desafío, por un millonario, al que por su condición de mestizo le había sido negada la entrada a un club de playa.

En el caso de José Antonio López Serrano, la vida social le importaba tanto como el matrimonio: nada. Pero como había un gran negocio en operar un Hotel de Playa dentro o conjuntamente con un Club Social, se dio al desarrollo del "Hotel Comodoro Yacht Club", ubicado en la Avenida Primera y Calle 84 en Miramar.

**Hotel Comodoro en Miramar**

El Hotel contaba con 30 cabañas y 98 habitaciones en tres pisos. La playa era artificial, pero contaba con una piscina olímpica. El Club privado para socios era presidido por Juan del Prado Roig, sin intervención de los propietarios, que operaban el Hotel y el Restaurant, cuidando de que éste fuera uno de los mejores de La Habana. El Casino era operado por unos concesionarios.

Como era de esperar, la banca también le interesó. Tenía acciones de The Trust Company of Cuba, el mayor Banco de Cuba y fue miembro del Consejo Directivo del Banco de Fomento Comercial.

Al llegar el socialismo al Gobierno de Cuba, el Hotel y sus facilidades fueron dedicados a la "Escuela de Pesca", imaginándome que las prácticas serían en la piscina olímpica.

¿Qué sería Cuba hoy si esa generación de cubanos no hubiese sido castrada?

## La Niña de Guatemala

Martí, connotado precursor de la modernidad en la poesía, con su lira palpitante tramó una guirnalda de azucenas, nítida corona para la frente de la pobre niña que murió de amor.

Estos versos que enternecen el alma, dieron origen a una de las tantas canalladas que los enemigos, de él y de Cuba, levantaron en aquella época y que por falta de conocimientos históricos muchos continúan repitiendo.

A principios de 1877, teniendo Martí sólo 24 años de edad, pasa de México a Guatemala y solicita una plaza de profesor, que luego desempeña en la Escuela Normal de aquella república.

Su director, el cubano José María Aguirre o Izaguirre pues usan ambos apellidos los historiadores al referirse a él, cuenta la manera sencilla en que Martí solicitó la plaza, diciendo "su porte era decente, su exterior simpático, y su manera de expresarse fácil y agradable. Me cayó bien. Le pregunté quién era y cuáles sus aptitudes para el magisterio, a lo cual me respondió:

"Soy cubano, vengo de Méjico y me llamo José Martí. Mis aptitudes para el magisterio..."

Al oír el nombre, reconocí al autor del famoso folleto El Presidio Político en Cuba".

Izaguirre continúa diciendo: "Martí, por su carácter bondadoso y por su innata simpatía, desde las primeras lecciones se granjeó la benevolencia de sus alumnos, benevolencia que después se convirtió en cariño, para dar paso más tarde a la admiración y al entusiasmo, contribuyendo con su acertado proceder al completo éxito."

El auge de la Escuela Normal hace que los enemigos del Director acusen injustamente al Señor Izaguirre haciendo que éste renuncie.

El propio Izaguirre cuenta su conversación con Martí: "Lo que han hecho con usted es una cosa indigna. Voy a presentar mi renuncia inmediatamente" le dice Martí, a lo que él contesta "No haga usted semejante locura. Si el sueldo de que aquí goza es el único recurso con que cuenta para mantenerse y mantener a su esposa, ¿a qué queda usted atenido si lo renuncia?"

"Renunciaré, respondió Martí con firmeza, aunque mi mujer y yo nos muramos de hambre. Prefiero esto a hacerme cómplice de una injusticia".

La personalidad de Martí a sus 24 años queda perfectamente descrita por las palabras del Profesor Izaguirre y la aptitud de sus alumnos en la Escuela Normal. El poeta Rubén Darío que tuvo la fortuna de apreciar en vida el genio y la bondad de Martí, dijo "quien se acercó a él, se retiró queriéndole".

Ahora, conociendo al Martí de 24 años a su paso por Guatemala, pues llegó en 1877 y regresó a Cuba en 1878, poco después de la firma del Pacto del Zanjón, oigamos el relato que nos hace el propio José María Izaguirre que conoció a María García Granados, "La Niña de Guatemala".

Se distinguía de sus hermanas como la rosa se distingue de las otras flores. Era alta, esbelta y airosa; su cabello, negro como el ébano, abundante, crespo y suave como la seda, su rostro, sin ser soberanamente bello, era dulce y simpático, sus ojos, profundamente negros y melancólicos, velados por pestañas largas y crespas, revelaban una exquisita sensibilidad. Su voz era apacible y armoniosa, y sus maneras afables, que no era posible tratarla sin amarla. Tocaba el piano admirablemente, y cuando su mano resbalaba con cierto abandono por el teclado, sabía sacar de él notas que parecían salir de su alma, y que pasaban a impresionar el alma de sus oyentes.

>Tenía veinte años de edad, y hasta entonces había permanecido insensible a los tiros del amor.

>Desde que Martí frecuentaba la casa, se notó en ella cierta tristeza que nadie se explicaba, así como el silencio en que se encerraba delante de él.

>Este sentimiento, desconocido para ella, fue creciendo de día a día, hasta tomar los caracteres de una verdadera pasión, y aunque disimulada por el recato propio de una joven educada en el amor a la honra, bien comprendió Martí lo que le pasaba. Caballero ante todo y ligado por aquel sentimiento a otra mujer a quien había jurado ser su esposo, se abstuvo de fomentar con sus galanterías o con demostraciones de afecto aquella Pasión.>

Martí <fue separándose de la casa poco a poco para que María comprendiese que no debía entregarse al sentimiento que la dominaba, y al casarse dejó de frecuentar la casa>.

María <fue decayendo paulatinamente>, hasta que <su vida se extinguió como el perfume de un lirio>.

Acerbo dolor puso en el sensible corazón de Martí la suerte de aquella joven de 20 años, dejando constancia en su hermoso poema.

**Supuesto retrato de María García Granados**

# LA NIÑA DE GUATEMALA
Por: *José Martí*

Quiero, a la sombra de un ala
Contar este cuento en flor:
La niña de Guatemala
La que se murió de amor.

Eran de lirios los ramos,
Y las orlas de reseda
Y de jazmín: la enterramos
En una caja de seda.

...Ella dio al desmemoriado
Una almohadilla de olor:
El volvió, volvió casado:
Ella se murió de amor.

Iban cargándola en andas
Obispos y embajadores:
Detrás iba el pueblo en tandas,
Todo cargado de flores.

...Ella, por volverlo a ver,
Salió a verlo al mirador:
Él volvió con su mujer:
Ella se murió de amor.

Como de bronce candente
Al beso de despedida
Era su frente ¡la frente
Que mas he amado en mi vida!

...Se entró de tarde en el río,
La sacó muerta el doctor:
Dicen que murió de frío:
Yo sé que murió de amor.

Allí, en la bóveda helada,
La pusieron en dos bancos:
Besé su mano afilada,
Besé sus zapatos blancos.

Callado, al oscurecer,
Me llamó el enterrador:
¡Nunca más he vuelto a ver
A la que murió de amor!

## Plaza y Estatua Cascorro

En una Guía de Madrid, con 160 páginas y fotos a colores, me llamó la atención que uno de los recorridos recomendados para los domingos en la mañana comenzara en la Plaza de Cascorro, en la parte baja del Madrid Antiguo y pasando por la Plaza de Lavapiés terminara en la Glorieta de Embajadores, donde se encuentra la verja exterior de lo que fuera el Casino de la Reina, regalo del Ayuntamiento de Madrid a la segunda esposa del despiadado Fernando VII, Isabel de Braganza.

**Plaza Cascorro y base del monumento a Eloy Gonzalo en Madrid**

Conociendo el pequeño pueblo del centro de la antigua provincia de Camagüey, junto a la Carretera Central, me llamó la atención el nombre de la Plaza y que ésta mereciera una estatua en tan importante Zona Madrileña, porque cuando dicen en la parte "baja" se refieren topográficamente, porque está junto a la Catedral de San Isidro, patrono de Madrid y a menos de quinientos metros de la Plaza Mayor.

En el Diario de Campaña del General Máximo Gómez, él relaciona el sitio de Cascorro, que algunos historiadores nombran como la Batalla de Cascorro, de la siguiente manera: (para ser fieles al texto del autor, mantengo tanto el estilo como la ortografía original):

16 de Septiembre de 1896

*"El día 16, me muevo hacia Guáimaro, para preparar el cañón que nos ha traído Cabrera y que se tiene guardado.*

*Tengo aviso del arribo de otra expedición desembarcada por el Masío, Sur de Cuba.*

*Debo esperar a Calixto García, que en plazo no lejano ha de venir con más de (1,000) mil hombres, para emprender operaciones en esa Comarca-y por eso preparo fuerzas y cañones.*

***Día 18****, acampado en San Blás, hago traer el cañón que pienso probar, valiéndome de artilleros improvisados Americanos.*

***Día 19*** *Septiembre. Prueba del cañón que dá resultados. No queriendo disparar más que un tiro por economizar parque y por no poner al enemigo sobre avisos. El mismo día a La Yaya y el 20 a la Araucana.*

***Día 21****, le pongo sitio a Cascorro, pero sitio estrecho: se ataca por todos lados.*

*Se le hacen más de 200 disparos de cañón. Las cápsulas no revientan y sólo hacen el efecto de balas de arrasar. Hacen daño a los edificios, por encima, pero insuficientes para destruir los atrincheramientos que son bastante sólidos. El enemigo, a pesar de su estrecha situación, como tiene abastecimientos dentro y ha comprendido lo inútil de nuestra artillería, resiste ante nuestra tenacidad. Dos veces, sin amenazas tontas, y sí ofreciéndole toda clase de garantías, le he intimado a la rendición, y ambas veces han contestado negativamente.*

*Estoy sufriendo la natural contrariedad en presencia de la imposibilidad de hacer rendir a este Pueblo por la fuerza, y la de tomarlo por asalto sin ninguna garantía de éxito; más bien con la seguridad de perder mucha gente.*

*Sin embargo, continúo estrechando el sitio, puesto que hasta ahora hemos sufrido muy pocas bajas. Esta situación ha durado 15 días, al cabo de los cuales ha salido una fuerte columna –(3,000) hombre— de las Minas, línea férrea.*

*Esta columna salió de Minas, bajo nuestros fuegos y del mismo modo entró a Cascorro —no logrando levantar el sitio, sino únicamente obligándonos a alejar un poco nuestras líneas de circunvalación.*

*Refuerza el destacamento de Cascorro y repone, concentrando, sus obras de fortificaciones, el día 7 emprende otra vez la marcha, siempre hostilizada por nuestros fuegos, que la obligan a extraviar caminos, aprovechando todos aquellos más enmarañas donde no puede maniobrar nuestra caballería.*

***Día 8****, al amanecer y ya en las cercanías de San Miguel de Nuevitas, en campo más abierto pude lograr salirle al paso –con (300) jinetes, trabándose rudo combate que duró dos horas.*

*Enemigo, a marcha forzada entró en San Miguel, a las 10 de la mañana del día 8. Destrozado y maltrecho.*

*Aquí he terminado esta ruta de campaña de 17 días. Por fortuna mía y como para mitigar tantos sinsabores, me ha llegado la noticia del desembarco de mi hijo Pancho, por Pinar del Río, en la expedición conducida por el General Rius Rivera...*

***El 24****, me pongo a la vista y ocupo la zona. El enemigo no se mueve. Permanezco acampado.*

*Tengo avisos de que el General Jiménez Castellanos concentra sus fuerzas en Minas, para salir en auxilio de Guáimaro y Cascorro sitiados.*

*El 28, recibo aviso de la toma de Guáimaro. Doy órdenes de que se entre en las líneas del sitio de Cascorro.*

***Noviembre 1.*** *Continúa la situación y yo acampo en la Gloria, para estar más expedito sobre la línea y rumbos que pueda traer el General Jiménez Castellanos.*

*El 5, se me une el General García y me dá cuenta de la toma de Guáimaro.*
*200 prisiones, 200 armamentos, mucho parque, 10,000 pesos oro, muchas medicinas y efectos, de distintas clases.*
*Entre los prisioneros, 20 heridos que se pusieron en la finca el Plátano, a 6 leguas de Puerto Príncipe, allí envió el General Castellanos a recogerlos con sus sanitarios.*

***El día 6****, se mueve el enemigo desde Minas, 4,000 hombres para Cascorro y se libran los grandes combates de Lugones, La Conchita y todo el trayecto que ha recorrido el enemigo en su operación de levantar el campamento de dicho poblado.*

***El 7 de noviembre*** *entró casi derrotado en San Miguel el General Jiménez Castellanos, abandonándolo también para refugiarse en Nuevitas".*

Esta descripción corresponde a la realidad de lo que fue la Guerra de Independencia en Cuba, sin plazas fuertes, armas o parque suficientes y con movilidad de guerrillas.

Ahora leo la descripción que hacen en Madrid: "La Plaza recibe el nombre de la Batalla de Cascorro, librada en Cuba en 1896, y está presidida por la Estatua de Eloy Gonzalo, héroe en esta batalla y vecino de Lavapiés. La estatua fue realizada en 1901 por Aniceto Marinas y López Salaberry y escenifica al soldado justo antes de prender fuego con petróleo al fortín donde se refugiaban un grupo de insurgentes.

La cuerda atada en la cintura era para que sus compañeros pudieran tirar de él en caso de que resultara muerto".

Monumento a Eloy Gonzalo en la
Plaza Cascorro de Madrid

La estatua muestra a un soldado de pie con pantalones y botas militares nunca usadas por los soldados españoles en la Guerra de Cuba, cargando al hombro un pesado rifle Maucer con balloneta calada, en la mano derecha una antorcha y en la izquierda un gran depósito de petróleo. La base de la estatua muestra una placa que lee "El Ayuntamiento de Madrid a Eloy Gonzalo, 1901".

Al retirarme de la Plaza me quedó una duda, si el Soldado Eloy era curro que residía en Lavapiés o si el que contó la historia se adelantó a Rambo.

## El Paseo del Prado

El Paseo del Prado, que desde los inicios de la República tiene como nombre oficial el "Paseo de Martí" ha tenido desde 1772 en que bajo el Gobierno del Marqués de la Torre fue creado, tantos cambios de diseño como de nombre.

Del ancho originalmente provisto para el paseo, alrededor de 1840 el Gobierno cedió a favor de los propietarios que tenían frente al Paseo el espacio necesario en las dos aceras o linderos para que se construyeran portales, dando lugar a las casas soportaladas tan típicas en La Habana extramuros.

La cabecera del Paseo era frente a la entrada de la bahía y el Castillo de la Punta y corría hasta lo que es hoy la Calle Neptuno, donde había una pequeña fuente de bronce con sirenas y delfines. Esta fuente de Neptuno fue la que le dio nombre a la calle.

Este primer tramo, que a principios del Siglo XX disfrutó de un gran interés como lugar residencial fue testigo de dolorosos sucesos en la segunda mitad del Siglo XIX. Junto a su cabecera se encontraba la cárcel, donde estuvo preso José Martí mientras lo hacían trabajar y el Hospital, contra cuyos muros fueron fusilados los ocho estudiantes de medicina en 1871. Asimismo a la altura de la Calle Colón estuvo el circo o Teatro Villanueva, objeto de la barbarie de los voluntarios, que inspiró el verso sencillo de Martí No. XXVII, "el enemigo brutal... ¡Vamos pronto, vamos, hijo: la niña está sola: vamos"; mientras gozaba de la simpatía de las familias habaneras para los paseos en volantas y a pie, según crónicas y grabados de la época.

Las fechas de algunos cambios no están registradas, pero por una lápida que dejaron al partir sabemos que la ocupación norteamericana realizó algunos trabajos, aunque menores.

En los inicios del Gobierno Republicano se hicieron varios trabajos en la entrada de la bahía que aún cuando no formaron parte del Paseo, hicieron más agradable su cabecera. Uno de esos cambios fue la llamada "Explanada de la Punta", al construir un muro robándole espacio al mar para crear una plaza limitada por el mar, el Castillo de la Punta y lo que sería la Avenida del Puerto, y construyendo la "Glorieta del Malecón" para que las bandas de música ofrecieran la "retreta".

Esos cambios no fueron afortunados, la Glorieta, similar a la que más tarde se construyó para destacar y proteger el muro donde fueron fusilados los 8 estudiantes de medicina el 27 de noviembre de 1871, fue demolida. Debido a que el Castillo de la Punta fue edificado junto al mar y sobre la roca natural, el relleno de la "explanada" hizo que el Castillo quedara como un edificio chato y sin perspectiva al tiempo que dificultaba la entrada de grandes buques a la bahía.

El Paseo del Prado que conocimos y recordamos fue configurado en 1928, cuando el Presidente Gerardo Machado durante su período democrático, contrató al arquitecto y planificador francés Jean Claude Forestier para diseñar su gran programa de obras públicas. El arquitecto Forestier reconoció la capacidad de los arquitectos cubanos uniéndolos a su equipo de trabajo.

Fue en esa modernización que el Prado, con un trazado distinto, se extendió hasta la Calle Monte, con un ancho desconocido en La Habana, que resaltaba la belleza del Centro Gallego, Parque Central, Capitolio y Parque de la Fraternidad. Al trasladar sus estudios para un edificio en la Calle Monte, la Radioemisora CMQ le dio preponderancia al final de El Prado, al identificar la emisora como "transmitiendo desde sus estudios de Monte y Prado".

En la época española el Prado no tuvo ninguna escultura de importancia, la Fuente de Neptuno antes citada, otra en la Calle Genios y una Pirámide en su nacimiento en la Punta. El nuevo diseño de 1928 no tuvo en cuenta ninguna de esas pequeñas esculturas.

Una sección del Paseo del Prado en el tramo de La Punta a la Calle Neptuno nos daría la siguiente configuración: portal, acera, tres carriles para vehículos, paseo peatonal arbolado, tres carriles para vehículos, acera y portal. El paseo peatonal está a unos dos pies sobre el nivel de los carriles para vehículos y limitado por un muro de piedra con bancos, jarrones de bronce y pequeñas plantas, el piso de piedra de mármol de colores y solamente se interrumpe para dejar paso a la calle Colón que lo atraviesa.

**Vista del Paseo del Prado desde la calle Neptuno al mar**

Esta primera sección en su diseño de 1928, incorporó como adornos unos leones que como los jarrones y farolas son de bronce, y guardan los extremos de los muros. En su inicio frente a la bahía habanera está el monumento al poeta y patricio cubano del Siglo XIX, Juan Clemente Zenea.

El monumento a Zenea le fue comisionado por el presidente Mario García Menocal en 1920, al escultor valenciano residente en

La Habana, Ramón Mateo. El monumento lo preside la estatua sedente del poeta-patriota mirando a lo lejos, hacia la Fortaleza de la Cabaña en la otra orilla de la bahía, donde fue vilmente inmolado en el foso de Los Laureles.

En el extremo frente a la Calle Neptuno un humilde y muy afectado por el paso de los años y las turbas, un busto de mármol rinde honor a Manuel de la Cruz, historiador y organizador junto a Martí de la Guerra de Independencia, secretario de Estrada Palma en New York, muriendo en Cuba en 1896. En el pedestal una placa de bronce lee:

"Manuel de la Cruz" en plena colonia mantuvo con sus escritos encendidos en el corazón de los cubanos el culto a la revolución, tomó parte principalísima en la preparación de la Guerra de Independencia y cuando sonó la hora del deber corrió a ocupar su puesto y ofrendó a Cuba su existencia.

**Busto de Manuel de la Cruz en Prado y Neptuno**

En el paseo peatonal originado por los españoles, quedaron su recuerdo en los laureles y gorriones, ambos importados de España. La "gracia" de los gorriones sobre uno y sobre los bancos y piso, más los "bichitos de candela", pequeño insecto que se desarrollaba en las hojas del laurel, hicieron perdurable el recuerdo de la madre patria, y no era para gritar VIVA ESPAÑA.

Con el paso de los años los edificios que enfrentaban el paseo cambiaron sus estilos y usos de residencia a comercial e institucional. Algunos ejemplos podrían ser la residencia del expresidente José Miguel Gómez en Prado esquina a Trocadero, donde estuvo la residencia de Marta Abreu y que fue posteriormente usada como Embajada y Agencia de Viajes.

De la época colonial pudimos identificar en adición a la residencia de Marta Abreu, el Conservatorio de Hubert de Blanck fundado en 1885, la escuela y residencia del maestro de Martí, Rafael María Mendive en Prado y Colón, la consulta médica del sabio Carlos J. Finlay, entre Colón y Refugio, y la casa marcada con el No. 111 donde murió el poeta Julián del Casal.

Del Siglo XX existen edificios construidos para o modificados para todo tipo de usos. Una muestra es bastante: las radioemisoras RHC Cadena Azul, CMBQ Radio Continental, CMCA, CMCO Radio Caribe, CMCU, Radio García Serra, Radio Mambí; cines-teatros: Negrete, Fausto, Prado adaptado por Gaspar Pumarejo para estudio de televisión; el Centro de Dependientes, el Casino Español y el Centro Montañés.

Otros edificios destacados son el Hotel Sevilla Biltmore y el Edificio del Banco del Caribe, primeros multipisos en el Paseo del Prado.

El Paseo del Prado tenía una muy destacada importancia en los carnavales, dada la peculiaridad de los mismos. Los carnavales como son conocidos en el mundo, del domingo al martes anteriores al miércoles de ceniza, fueron suprimidos por el Gobierno, alegando no poder controlar el orden en esos tres días.

Cuando fueron nuevamente autorizados se fijaron los cuatros fines de semana del mes de febrero para celebrarlos. Los sábados desfilaban por El Prado, desde La Punta hasta la Calle

Monte las "Comparsas" y los domingos las "Carrozas", uno de los cuatro sábados desfilaban ambas para la premiación por artísticas, típicas, etc.

Dada la gran aceptación por todas las clases sociales del desfile de "carrozas", éste se extendió a lo largo del Malecón, permitiendo que mayor número de personas lo presenciaran.

Los habaneros identificamos el tramo del oficialmente llamado Paseo de Martí que discurre desde la Calle Neptuno hasta la Calle Monte, como El Prado, al no contar con el paseo peatonal que tiene el tramo del Malecón a la Calle Neptuno.

Si el tramo llamado Paseo sufrió grandes cambios, no son nada al compararlos con los sufridos por El Prado, unos ochenta años más joven que El Paseo. La primera sección desarrollada fue de Neptuno a San José.

Esta sección que es limitada al Este por el Parque Central y al Oeste por el Centro Gallego de La Habana, el Hotel Inglaterra y otros edificios de menor valor histórico, contrario al Paseo tuvo aspecto de área marginal hasta finales del Siglo XIX, toda vez que en el área ahora destinada al Parque Central los españoles crearon una gran laguna al extraer materiales para la construcción de la muralla y otros edificios gubernamentales. Al Oeste el Teatro Tacón, el Café El Louvre, el Hotel Inglaterra y el Café Escauriza no contaban con portales ni fachadas atractivas.

La sección final, desde la calle San José a la calle Monte, era sólo un paseo en medio de jardines. No he podido encontrar ningún grabado que muestre ese tramo, que fue tan hermoso en la época republicana.

El Parque Central, que tomó el nombre cuando bajo el gobierno español se eliminaron las murallas y tras rellenar la antigua excavación crearon primero un pequeño parque en el extremo que colinda con la calle San José y colocaron una estatua de la Reina-Niña española Isabel II. Con los cambios de gobierno en España la estatua fue retirada, sustituida y mudada hasta que una vez configurado el parque se instaló en 1875 una estatua de la reina adulta, talla del escultor Philippe Garbeille en mármol blanco, en un pedestal en medio del parque, la que fue retirada en 1899. En su lugar se instaló bajo la presidencia de Tomás Estrada Palma la estatua de José Martí, obra del escultor cubano José Villalta de Saavedra.

Esta estatua se ha mantenido en su lugar hasta la fecha. En nuestra época de estudiantes cada 28 de enero los alumnos de las escuelas, tanto públicas como privadas rendíamos honores al "Apóstol de la Patria", desfilando ante esta estatua.

El Parque Central de unos 20,000 metros cuadrados, comprendía dos manzanas entre las calles San José, Zulueta, Neptuno y Prado, fijando la alineación del Prado en el límite Este. Al Oeste fue más complicado porque al igual que en El Paseo, el gobierno español cedió terreno para que los edificios existentes en la cuadra de Neptuno a San Rafael construyeran portales en su frente al Prado, creando la famosa, en la segunda mitad del Siglo XIX, Acera del Louvre que tomó su nombre del café existente en la esquina con la calle San Rafael y que desapareció para permitir la ampliación del Hotel Inglaterra.

Esta cuadra, la Acera del Louvre, está en nuestra historia como testigo de las actividades independentistas, tanto cuando el asesinato de los ocho estudiantes de medicina por los voluntarios, como con el regreso de Antonio Maceo después de su primer exilio.

**Parque Central en la época colonial. Al fondo el café Louvre**

Al cruzar la calle San Rafael, el catalán Francisco Marty y Torrens recibió del Gobernador de Cuba, Miguel Tacón, los terrenos, materiales y mano de obra presidiaria para construir un gran teatro. En agradecimiento a la generosidad del Gobernador Tacón, el promotor le dio su nombre al Teatro.

Este emigrante catalán construyó un teatro tan grande como tan feo. El historiador Jacobo de la Pezuela en su Historia de Cuba de 1878, habla del teatro como feo, sin frontispicio, escultura, ni el más pobre relieve que embellezcan la fachada.

Según las crónicas de la época (1878) tenía capacidad para tres mil personas, un escenario de 69 pies de fondo que permitía la presentación de cualquier obra de teatro, así como óperas. La iluminación era de gas y del techo colgaba una araña que ganó fama por su tamaño. Este Marty había impuesto como condición para la construcción del teatro, el que se le permitiera celebrar bailes de máscaras en la temporada de carnaval. A esos efectos las aproximadamente 600 lunetas de la platea se recogían, dejando un gran salón de baile, hasta que con la construcción del "palacio" los bailes se celebraron en éste.

La costumbre de los bailes de carnaval sobrevivió al viejo teatro y se extendió a las otras sociedades regionales españolas, compitiendo durante el Siglo XX, el Centro Gallego, sucesor del Teatro Tacón, con el Centro Asturiano y el Centro de Dependientes. Debido a que dichos bailes no eran sólo para socios, se les identificaron como bailes de "pensión", al tener que pagar la entrada los asistentes. Para mantener el orden y la moral, los miembros de la Junta Directiva de la sociedad que patrocinaba el baile, se paseaban por los salones, lo que inspiró una muy popular guaracha "Cuidado que viene el Directivo".

En el año 1857, el Teatro fue adquirido por la Compañía Anónima del Liceo de La Habana, la que lo cerró por dos años para hacer una restauración mayor, que no mejoró su aspecto exterior.

En 1906 el Centro Gallego de La Habana compró el viejo Teatro para construir su "Palacio" y como era necesario obtener la manzana formada por las calles San Rafael, Prado, San José y Consulado, para que el edificio contara con la monumentalidad que anunciara el triunfo de la inmigración gallega, tuvieron que obtener el permiso del gobierno cubano. Dicho permiso se otorgó, condicionando en la escritura de compra-venta, que el Teatro tenía que ser llamado "Nacional", para retirar el nombre del peor y más españolizante gobernador colonial.

El Palacio fue diseñado por un arquitecto austriaco y construido por la firma norteamericana Purdy & Henderson, siendo inaugurado el 23 de abril de 1915. El Palacio se construyó alrededor del teatro existente, dando pie a las bromas de los criollos, porque el teatro ocupaba la mayoría del área de construcción.

La primera piedra del Palacio, traída de Galicia, fue colocada en 1907, ocho años antes de su inauguración.

La tercera sección del Prado, desde la calle San José hasta la calle Monte fue llamada en la segunda mitad del Siglo XIX, como Paseo de Isabel II, por la estatua de ésta colocada en el pequeño parque que formaría parte del Parque Central.

El lado Este de esta sección se inicia con el Teatro "Payret", construido por otro catalán Joaquín Payret, cuarenta años más tarde que el Tacón. Su nombre fue "Teatro de la Paz" dado que su inauguración coincidió con la llamada "Paz del Zanjón". Ocupa las esquinas formadas por El Prado, San José y Zulueta con un área de aproximadamente dos mil quinientos metros cuadrados.

Este también gran teatro para su época contaba con 600 lunetas y cuatro niveles de palcos en forma de herradura y el piso económico con un área para "gentes de color" y un "maleficio" que causó que el señor Payret perdiera la propiedad por deudas al Gobierno Colonial en adición a incendios y derrumbes hasta que fue restaurado en 1890.

En este Teatro la "genial" Sara Bernhardt tuvo su última actuación en La Habana en 1917, en una presentación para recaudar fondos para las Naciones Aliadas en la Primera Guerra Mundial. Al continuar entrando el público al Teatro después de haber ella comenzado su actuación fue que nos catalogó como "indios con levitas".

Este Teatro, como los otros de La Habana, fue dedicado a cine, con gran énfasis en películas en castellano, mayormente españolas y argentinas. A fines de la década de 1940 fue totalmente reedificado, aún cuando el permiso de construcción era sólo para mejoras en las fachadas. Desde el Teatro hasta la calle Monte, todos los edificios contaban con portales.

Camino al Sur estaba el Hotel Pasaje, que tomó su nombre de un pasaje en medio del edificio que comunicaba El Prado con la calle Zulueta. Este edificio tuvo sus mejores tiempos cuando la estación del tren estaba en la vecindad. Cruzando la calle Teniente Rey estaba el edificio del periódico "Diario de la Marina", edificio que al igual que el del Teatro Payret fue totalmente reconstruido en la misma década y usando el mismo permiso de mejoras de fachada.

En el edificio de la esquina con la calle Dragones, en la planta alta, se fundó el Centro Gallego de La Habana en 1879. El presidente de la República, Tomás Estrada Palma, visitó este local al inicio del Siglo XX como muestra del aprecio de los cubanos a los gallegos. Al trasladar su sede al nuevo Palacio, el Centro Gallego estableció en este local el "Plantel Concepción Arenal", escuela para sus socios e hijos.

Cruzando la calle Dragones encontramos el Hotel "Saratoga". Al mantener la alineación de la calle con el Parque Central se creó una acera de ancho extraordinario que sumada a los portales de los edificios permitió la creación de las famosas terrazas al aire libre.

En esas terrazas actuaron cantantes, músicos y todo tipo de bohemios. Llamó la atención la actuación de orquestas femeninas como "Ensueño", "Orbe" y "Anacaona", esta última formada por ocho hermanas. En El Prado nació "El Manisero" de Moisés Simons y pasó sus mejores noches Sindo Garay.

En El Prado bohemio no podían faltar los cines, el "Montecarlo" y el "Niza", ambos identificados como inmorales, tanto por las películas que proyectaban como por los asistentes.

El Prado termina en su extremo Sur con la Estatua de la India o de La Noble Habana, obra del escultor italiano Giusseppe Gaggini en mármol de Carrara. Esta bella estatua fue erigida en 1837 por Claudio Martínez de Pinillos, Conde de Villanueva, como respuesta cubana a la fuente, que con los Leones de Castilla había instalado el Capitán General Miguel de Tacón en la plazoleta entre la Iglesia de San Francisco y la Lonja del Comercio.

**Fuente de la India y Capitolio Nacional**

Esta estatua está en medio de una fuente también de mármol y al pie del pedestal que la soporta cuenta con cuatro enormes delfines de mármol con lenguas de bronce como surtidores del agua que vierten en la fuente. El espíritu criollo está en la India y en los delfines, no existentes en España, así como en la Cornucopia de Amaltea que sostiene en la mano izquierda que en lugar de las frutas que generalmente la adornan tiene frutas de nuestra patria y se destaca una piña.

La escultura que ha sido movida en distintas ocasiones, fue originalmente instalada en el sitio donde estuvo la estatua de Carlos III, antes de ser ésta trasladada al Paseo de su nombre.

El límite Oeste de El Prado, desde la calle San José hasta Monte estuvo ocupado por lo que fue la estación de Villanueva, primera estación del ferrocarril en todo el mundo hispano y el "Campo Marte" usado por las tropas y voluntarios españoles para marchas y ejercicios militares, fue transformado en el primer tercio del Siglo XX con la construcción del Capitolio Nacional y el Parque de la Fraternidad.

El Capitolio, construido durante el Gobierno de Gerardo Machado y Morales, es una obra de tal magnitud que no debe ser descrito como parte de un paseo habanero, mereciendo su propio estudio.

El Parque de la Fraternidad, el mayor parque pasivo de La Habana, toma su nombre de una Ceiba que fue sembrada sobre tierra de todos los países de América, traída por los distintos gobiernos con motivo de la Inauguración de la VI Conferencia Interamericana, a la que entre otros asistió el Presidente de Estados Unidos Calvin Coolidge, que viajó a bordo del Acorazado "Texas".

La Ceiba se encuentra rodeada por una hermosa verja de bronce, que muestra los escudos de los Países de América.

**Ceiba en el Parque de la Fraternidad**

## La Rampa, Milagro Comercial

Al llegar a su término la década de 1950, el sector de la Calle 23 del Vedado desde su nacimiento en la confluencia con El Malecón y la Avenida Menocal (Infanta), hasta la Calle L era por todos conocida como "La Rampa".

No es posible encontrar información escrita sobre cinco cuadras, algo más de 500 metros, que se transformó de una calle abandonada a una gran arteria comercial, residencial y de entretenimiento, venciendo todas las dificultades.

Aunque en las calles habaneras la numeración se inicia en el mar. Para este recuerdo lo haremos de la Calle L al mar, por ser más fácil bajar la loma que subirla.

El año 1946 encuentra la esquina formada por las calles L y 23 con un gran cruce de tranvías eléctricos y ómnibus, el antiguo Hospital Nuestra Señora de las Mercedes (popularmente llamado Reina Mercedes), el moderno Edificio Joaristi, ocupado casi en su totalidad por dentistas y médicos y del lado Norte de la Calle L, dos pequeños parques infantiles.

A partir de esta esquina la Calle 23 no tenía servicio de ómnibus o tranvías y sólo el centro de la amplia calle estaba asfaltado, lo que permitía el estacionamiento de automóviles perpendicular a las aceras en ambos lados.

En el magnífico trazado de las calles del Vedado, unas de Este a Oeste y otras de Norte a Sur, creando cuadras de 100 metros de largo y manzanas de 10,000 metros cuadrados, se habían incorporado calles y avenidas principales para el futuro tránsito, que se crearía al ser habitada la nueva expansión de la ciudad.

Las vías de Oeste a Este serían las calles Línea y 23, lo que proveería transportación pública a no más de 300 metros de cualquier residencia, dado que la Calle Línea correspondía a la Calle

11, por donde con anterioridad a la República discurría el "trensito de Medina", con una máquina de vapor, haciendo el viaje del Vedado al Castillo de la Punta por la calle San Lázaro.

Al ser sustituido y ampliado el "trensito" por los tranvías eléctricos, los que discurrían por la calle Línea siguieron el mismo recorrido, bordeando la loma del Hotel Nacional hasta llegar a la calle Infanta, pero las nuevas rutas que por la Calle 12 llegaban a la Calle 23, no podían continuar por ésta después de la Calle L dada su gran pendiente, teniendo que doblar hasta la calle San Lázaro, donde ésta era menor.

Al ser construido el puente de hormigón que unió la Calle 23 con los nacientes barrios elegantes de Marianao, el Departamento de Urbanismo estimó necesario el continuar y ampliar la Calle 23 hasta la confluencia de ésta con el Malecón y la Calle Infanta, para lo que fue necesario expropiar terrenos del ermitaño Bartolomé Aulet, quien reclamó en corte no sólo el importe pagado, sino también el derecho del Estado a la expropiación.

**Vista de La Rampa en 1935 cuando casi no existía ninguna edificación en el tramo de la calle M a Malecón**

Desde los parquecitos infantiles hasta la Calle M, sólo tres edificaciones en dicha esquina, la residencia de una distinguida familia cubana, las nuevas facilidades de la Funeraria Caballero y el edificio de apartamentos Alaska, cuyos residentes hacían los relatos de lo vivido en el edificio con el ciclón del 26 y el ataque de 1933 al Hotel Nacional, dado que nada les obstaculizaba la vista.

Desde esta esquina hasta la formada con la Calle O, no había construcción alguna y sólo destacaba una profunda excavación, que concurrente con la de la Calle P, habían realizado las autoridades españolas para extraer piedras para la construcción de las defensas de La Habana.

En la esquina con la Calle O, donde la pendiente de la Calle 23 comenzaba a reducirse, había un discreto edificio ocupado por las oficinas de una firma farmacéutica y un distribuidor de equipos agrícolas. Al cruzar la Calle O se destacaban los edificios del Ministerio de Agricultura, en las antiguas facilidades de un distribuidor de automóviles, y frente a ellas, el flamante Edificio con el número 105, que era ocupado en la planta baja por la Pan American Airways y la Compañía Cubana de Aviación, entonces dependiente de ella.

En este edificio también tenían sus grandes oficinas los editores de la Revista Selecciones del Reader's Digest, dado que su edición en español para América, era impresa en Cuba.

La próxima esquina, con la Calle P, el último o primer edificio de la Calle 23 era uno ocupado en sus primeros pisos por el distribuidor de los Automóviles Dodge y De Soto, con demostración, venta de piezas y talleres. En el último piso el Cabaret Montmatre.

En el mes de diciembre de 1947, se inauguró el Teatro Wagner, en la esquina de L y 23, como parte del Complejo Radiocentro. A partir del mes de abril de 1948, Radiocentro contaría además del moderno teatro con una sucursal bancaria, múltiples pisos de oficinas, farmacia, cafetería y restaurant y tres estaciones radiotransmisoras. Tres años más tarde se incorporaría una estación de televisión.

Muy pocos años después, en la cuadra formada por las Calles 23, P e Infanta se construiría el Edificio de Ambar Motors, con sucursal bancaria, amplia planta comercial, oficina, estación de televisión y lo que justificaba su nombre, las facilidades de los distribuidores en Cuba de los automóviles Cadillac, Oldsmobile y Chevrolet. Haciendo un buen uso de la excavación que existía en el terreno, se instalaron además de las facilidades de venta, los talleres y almacenes de automóviles.

Estos dos importantes edificios, sitos en los dos extremos de La Rampa y cada uno en una acera distinta, fueron sin duda la levadura para el desarrollo de ésta.

**Vista de La Rampa años más tarde ya totalmente bordeada de grandes edificaciones**

En sólo 10 años se construyeron tantos grandes edificios y se instalaron una variedad de comercios, oficinas y lugares de entretenimiento, que la memoria no permite seguir el orden de fechas. En la otra esquina de L y 23, frente a Radiocentro y el

Edificio Joaristi, el Fondo de Retiro Gastronómico, construyó un magnifico hotel para ser operado por Hilton International y que abrió sus puertas al público a fines de 1957, bajo el nombre de Habana Hilton.

Otros edificios fueron N y 23, propiedad de la Viuda de Laredo Bru, el del Seguro Médico, premio de arquitectura, uno de forma apaisada en las laderas del Hotel Nacional, que sería sede del Banco de la Construcción; mas numerosos edificios, que harían posible la operación de teatros arena, boleras, discotecas, cine, cafeterías y todo lo que se pudiera esperar en una muy activa calle comercial de una moderna ciudad.

Una forma de medir la actividad comercial de una zona son los bancos comerciales establecidos en ella. La Rampa contaba con dos sucursales de The Trust Co. of Cuba, más el Banco de la Construcción, Royal Bank of Canada, Banco Continental Cubano, National City Bank of New York y el Banco Hogar Propio, más el Banco de Desarrollo Económico (Bandes). Otros bancos que no encontraron espacio apropiado en La Rampa establecieron sucursales en las proximidades, como el Banco Gelats, el Bank of Nova Scotia y el Chase Manhattan Bank.

Todas las calles comerciales de La Habana contaban con soportales que permitían al comprador caminar bajo techo, protegido del sol y la lluvia. Las calles con soportales, Galiano, Reina, Prado, Monte, Belascoaín, Infanta, Amistad, Cárdenas, Egido y Primelles entre otras, dieron tema al libro de Alejo Carpentier "La Ciudad de las Columnas".

Otro factor a favor de estas calles es que son sustancialmente planas, evitando el esfuerzo de subir o bajar cuestas.

La Rampa fue un milagro logrado por los comerciantes y profesionales que en sólo 10 años se establecieron en ella, porque nunca contó con soportales o aceras amplias y la pendiente es tan marcada que cuando por disturbios en la Universidad los ómnibus eran desviados de la Calle San Lázaro a la Calle 23, éstos no podían detener la marcha en los cruces con las Calles N y M.

Las varias agencias de publicidad radicadas en la zona, las estaciones de radio y televisión, y la mantenida y creciente generosidad de la Asociación de Comerciantes, hicieron el "milagro" con los adornos, iluminación y actividades durante las Navidades, que volcaban la juventud a lo largo y ancho de La Rampa.

¿Quién dice que no se puede?, que nos den oportunidad y hablaremos.

**Vista de La Rampa de la Calle L al Malecón**

## Carretera Central en Cuba

Dentro del gran "Plan de Obras Públicas" que bajo la dirección de su Secretario de Obras Públicas, Dr. Carlos Miguel de Céspedes, apodado "El Dinámico" llevó a cabo el gobierno de Gerardo Machado, la más sobresaliente por su magnitud y sus efectos sobre la vida de la joven nación cubana fue sin lugar a dudas la construcción de la Carretera Central.

Al terminar la ocupación española sobre la Isla no había una sola carretera, sólo algunos pequeños "caminos reales". La ocupación norteamericana se ocupó mayormente en la reconstrucción de algún pequeño puente y en obras sanitarias.

Los primeros gobiernos republicanos habían hecho muy poco por unir las capitales de provincias por carretera, cuando en 1927 se firmaron los dos contratos para la construcción de 1,143 kilómetros de carretera desde Pinar del Río hasta Santiago de Cuba.

La obra se dividió entre un consorcio cubano que construiría el tramo occidental, y la Warren Brothers Co., de Boston, Massachussets a cargo de la obra desde el punto en que terminaba el consorcio cubano en Las Villas, hasta Santiago de Cuba.

La carretera sería y fue construida con las mejores técnicas de la época, base de hormigón de seis pulgadas en el centro y ocho pulgadas en los bordes, con superficie de asfalto, puentes con menos de 100 pies de luz en hormigón y los de mayor luz en acero.

La carretera central, al pasar por los pueblos y ciudades se hizo la calle principal, pavimentada, con aceras y alcantarillado pluvial. En un futuro se construirían las carreteras de enlace con los puertos importantes y las poblaciones lejos de la Carretera Central.

Entre el día en que la Compañía Cubana de Contratistas dio el primer golpe de azadón, para comenzar a construir su parte de la Carretera Central, en Loma de Tierra, cerca del poblado de San

Francisco, donde terminaba la carretera de adoquines, y el día en que la Warren Brothers Co. completó la que le correspondía en Santiago de Cuba, el pueblo cubano estuvo viviendo la maravillosa aventura de poder viajar por toda la Isla sin estar sujeto a los itinerarios de los trenes y las altas tarifas.

**Tramo de la carretera Central**

Fue objeto de críticas el que el trazado de la carretera fuese en su mayor parte paralelo a las líneas del Ferrocarril Central, pero si tenemos en cuenta la estrechez de la isla, los suelos bajos del Sur y los grupos montañosos, donde único era posible alejar la carretera de la línea férrea se hizo, como en los trechos de San Cristóbal a Pinar del Río y del poblado de Martí en Camagüey hasta Holguín, en la provincia de Oriente.

La Carretera Central se convirtió en una fuerte influencia en la vida de la nación: en lo económico, social y político. Fue un factor de integración como nunca lo había habido en Cuba, donde los medios de comunicación eran sólo el ferrocarril y la navegación de cabotaje, con muy altos costos.

Los productos agrícolas pudieron llegar a los grandes centros de población, beneficiando tanto al "guajiro" como al consumidor.

Los cubanos nunca habían visto nada como lo que estaba ocurriendo y ningún otro gobierno colonial, intervencionista o republicano había hecho tanto por mejorar la comunicación en la isla.

**Tramo curvo de la Carretera Central**

Cuenta la historia que por el año 1512, Pánfilo de Narváez había necesitado varios meses para llegar de Santiago de Cuba al occidente de la isla y que en 1770, el General Alejandro de O'Reilly, irlandés al servicio del Gobierno Español, había demorado siete semanas en llegar de Santiago a La Habana.

Al nacer la República, 130 años después del viaje de Alejandro de O'Reilly, y gracias al tren, el viaje de La Habana a Santiago de Cuba se podía hacer en menos de 24 horas y al completarse la construcción de la Carretera Central, el viaje en automóvil se hacía en sólo 12 horas.

No tardaron las empresas cubanas en dar servicios de ómnibus Habana-Santiago, al igual que surgieron otras con servicios limitados de La Habana a Cárdenas, Santa Clara, Cienfuegos o Camagüey, así como al Oeste, Habana-Artemisa y Habana-Pinar del Río.

Estos ómnibus hacían algunas paradas en sus recorridos para el descanso de los pasajeros, creando restaurantes y aún hoteles en los sitios de paradas.

La vigilancia y cumplimiento de las regulaciones de tránsito fuera de las áreas urbanas, le fue encomendada a una nueva unidad de la Guardia Rural, equipada con potentes motocicletas y que los cubanos rápidamente bautizamos como "caballitos del diablo".

Para marcar el kilómetro "0" de la Carretera Central, un largo diamante de poco valor, empotrado en bronce y mármol se instaló en el Capitolio Nacional en medio de una estrella de mármol de ocho puntas, frente a la Estatua de la República, obra del escultor italiano Angelo Zanelli y cuya altura total es de 17.54 metros. Según afirmó el propio escultor, se inspiró en la naturaleza misma del país, en sus mujeres y en el color del cielo cubano en las horas del crepúsculo.

**Brillante que marca el kilómetro "0" de la carretera Central**

Esta estatua es la tercera mayor bajo techo del mundo, siendo superada solamente por el Buda de Oro de Nava en Japón y la de Lincoln en Washington, construida después de la del Capitolio habanero.

Una hermosa publicación llamada "Automobile Quartely" en el número correspondiente al cuarto trimestre del 2005, dedica diez páginas a la Carretera Central de Cuba, con antiguas y hermosas fotografías, incluyendo un mapa a dos páginas con el trazado de la carretera a lo largo de la Isla.

El artículo no tiene autor y evidentemente no consultaron fuentes cubanas porque comienza con la razón del nombre según el autor, que manifiesta es Central porque fue construida para servir a los más de 200 "sugarmills" que habían en Cuba y que nosotros llamamos *centrales*, por lo que debió ser identificada como "Sugar Highway".

Continúa su descripción diciendo que comienza en Pinar del Río hasta Santiago de Cuba, "Across the bay from the American Naval Base at Guantánamo", para seguir destacando la importancia norteamericana, escribe que el inicio de la obra fue en San Francisco de Paula, hoy mejor conocido como el lugar de "La Finca Vigía, hogar de Ernest Hemingway".

Otros de los lamentables errores es identificar la Estatua de la República, frente a la cual se encuentra el diamante del kilómetro 0, como la Estatua de Minerva, que es la que está en la escalinata de la Universidad. Igualmente el pie de la foto del antiguo Puente de Pote, (que no tiene relación alguna con la Carretera Central), lo identifica como carretera principal hacia el Oeste, a través del Barrio del Vedado, donde "many americans lived".

El ingeniero cubano Manuel A. Coroalles, graduado de Rensselaer Polytechnic Institute en Troy, New York, fue designado como ingeniero jefe de construcción de Puentes y Carreteras y por tanto, responsable de que la Carretera Central fuese construida con la mejor técnica de la época y que los contratistas le dieran el adecuado mantenimiento durante cinco años. En distintos tramos se encontró suelo expansivo (arcilla que se expande con la humedad), y que la inspección de la Secretaría de Obras Públicas les forzó a remover, en algunos casos hasta una profundidad de 45 pies. El "porous gumbo clay" como los contratistas llamaron al suelo expansivo y los barrenos ordenados por el ingeniero Coroalles sobre la obra terminada, para verificar la calidad de la sub-base de piedra, las seis pulgadas de hormigón al centro y ocho pulgadas en los bordes así como las dos pulgadas de asfalto en toda la superficie, hicieron comprender a los contratistas de Boston, Warren Brothers Co., que tenían que cumplir con la calidad contratada. En 1936, al terminar los cinco años de mantenimiento incluidos en el contrato de construcción, Warren Brothers Co., presentó quiebra.

**Tramo rural de la Carretera Central**

# El Túnel de la Calle Calzada

La Calle Calzada de la Barriada de el Vedado, en La Habana y la Quinta Avenida de Miramar, en Marianao, se unían por el llamado "Puente de Pote", construido por el español José López Rodríguez como puente privado con pago de peaje, y posteriormente nacionalizado por su amigo, el presidente José Miguel Gómez. Por su peculiar manera de hablar, José López Rodríguez era llamado "Pote" (cazuela).

El Puente de Pote era de acero y la luz central basculante por mitades y de sólo dos sendas, una en cada dirección. El desarrollo de los terrenos al Oeste de La Habana, la terminación del Malecón y la pérdida de tiempo cada vez que el puente tenía que ser abierto para permitir el paso de las embarcaciones por el Río Almendares, hacía necesario la modificación del puente, que se encontraba en mal estado o la construcción de un túnel.

**Puente Pote
1933**

Se estudiaron dos posibilidades para la construcción del propuesto túnel, enlazar el final del Malecón con las Avenidas Primera y Tercera de Miramar (La Puntilla) o construirlo en el mismo sitio del puente, uniendo la prolongación del Malecón a la Calle Calzada del Vedado y ambas a la Quinta Avenida de Miramar.

En la desembocadura del Río Almendares para hacer posible la primera localización estudiada, el túnel sería mucho más largo y por tanto más costoso, por lo que determinaron demoler el puente y construirlo en su lugar.

Años antes se había construido un túnel en el lugar que ocupó el "puente de los tranvías" unos doscientos metros aguas arriba del nuevo túnel propuesto y el viejo puente tranviario se había instalado a la altura de la Calle Once del Vedado. Para facilitar el tránsito durante la construcción del nuevo túnel, el viejo puente fue reparado y ensanchado para permitir el tráfico en ambas direcciones y crear un paso de peatones.

La demolición del *Puente de Pote* fue una obra mayor al tener que extraer los pilotes de hormigón de 45 x 45 centímetros y hasta 18 metros de largo. La demolición empezó el 9 de febrero de 1958 y la superestructura y los contrapesos de 50 toneladas fueron retirados en sólo 25 días, no así los pilotes que no se terminó su extracción hasta el mes de agosto.

El contratista general para los trabajos de demolición del viejo puente y la construcción del túnel fue la firma francesa "Grands Travaux de Marseille" que había construido el túnel bajo la Bahía de La Habana.

Las entradas o embudos a cada lado del túnel fueron construidos en el lugar con la ayuda de tablaestacas hincadas a ambos lados. La losa de hormigón del piso de los embudos llega a tener tres metros de grueso para contrapesar la presión hidrostática del agua. Como cada uno de los dos embudos tiene aproximadamente 71 metros de largo, las paredes tienen juntas de construcción cada 6 metros con hojas de cobre y cierre hidráulico.

Los trabajos preparatorios en el Río Almendares requirieron no sólo la demolición del Puente de Pote y la construcción de los dos embudos de entrada, sino también un dragado de más de trescientos mil metros cúbicos para crear la zanja donde se instalarían los dos cajones que formarían el túnel y el canal del río hasta el mar para permitir el paso libre de los cajones, las grúas flotantes y los remolcadores.

El fondo de la zanja recibió una capa de material seleccionado, fuertemente compactado y nivelado. Más de 30,000 metros cúbicos de piedra fueron colocados en el río sobre el fondo de la zanja dragada, para permitir que los cajones se apoyaran a todo su largo y ancho.

Los dos cajones de hormigón se construyeron simultáneamente en el dique seco utilizado para el túnel bajo la bahía, una vez reacondicionado.

Cada cajón de 100 metros de largo, 20 metros de ancho y seis metros de altura, con los dos extremos cerrados con tabiques provisionales de hormigón armado, estaban listos para ponerlos a flotar y trasladarlos de la Bahía de La Habana al Río Almendares. Cada cajón tenía los siguientes equipos: torre de mando y control, defensas de madera para evitar daños en las juntas, tanques estabilizadores, bombas para equilibrar los compartimientos y pruebas de carga, montacargas de maniobra, escalas de profundidad, teléfonos internos y radio para la comunicación con tierra.

Estos dos "barcos" de aproximadamente 11,000 toneladas cada uno, sólo sobresalían 40 centímetros sobre el nivel del mar, por lo que había que trasladarlos en días y horas de mar tranquila usando siete remolcadores (3 de tracción, 2 para desplazamiento y 2 para retener). La apertura en el techo, con sólo 40 centímetros sobre el mar, constituía un riesgo de hundimiento en caso de oleaje.

El tiempo de traslado del primer cajón fue de 5 horas y el segundo requirió 10 horas debido a que fue obligado a esperar unas horas frente al río, hasta el cambio de la marea. La colocación y asentamiento de los cajones fue un total éxito. Una vez retirados los tabiques provisionales se comprobó que la posición de los dos cajones entre sí y con los embudos fue al centímetro, por lo que se procedió con la construcción de las juntas de agarre e impermeabilidad.

Las paredes de los cajones fueron terminadas en azulejos de cerámica de color *blanco crema mate* y en los embudos de color *azul variable de oscuro a claro* a medida que uno se acerca a la entrada de los cajones, para compensar la disminución de la luz solar.

El color de los azulejos, sumado a la abertura parabólica del techo de los cajones e intensidad variable de la iluminación interior del túnel, hacían lo más suave posible la transición entre la fuerte luz del día y el alumbrado interior. Dado lo corto del túnel no tiene sistema de ventilación mecánica.

El túnel cuenta con dos vías en cada sentido y una acera para peatones, bajo la cual se instalaron tuberías para los servicios públicos y el sistema de drenaje, uno para las aguas de lavado y condensación y otro mayor para las lluvias intensas. Asimismo se instalaron teléfonos de emergencia y ocho puestos de protección contra incendios con extinguidores y mangueras.

Una vez instalados los cajones y construidos los embudos, el calado libre dejado sobre el túnel fue de tres metros y medio en el centro del río y superior a tres metros en un ancho de cuarenta metros, mayor al existente antes de la construcción del túnel.

Del lado de Marianao se construyó una calzada de tres metros de ancho uniendo la Calle 0 de Miramar y la Calle A de la Puntilla y del lado de La Habana una para dar acceso al Castillo de la Chorrera prolongando la Calle 22 del Vedado.

Esta grande y útil obra, que fue construida en su totalidad en sólo 16 meses, tuvo la mala fortuna de que esos meses fueron en los años 1958 y 1959, siendo muchos los habaneros que no recuerdan haberla disfrutado, habiendo olvidado las dificultades que creó en el tránsito durante su construcción.

**Estado actual de la Fuente de las Américas a la salida de la Quinta Avenida**

## El Malecón de La Habana

El Paseo del Malecón de La Habana constituye sin duda alguna la mejor tarjeta de presentación de La Habana. Esta obra, mano de la generosa naturaleza y del hombre que no la perjudicó durante los 60 años que duró la construcción, es muestra del orgullo que los habaneros sentimos por nuestro **Malecón.**

En la descripción de la construcción de cualquier obra vial se comienza por un extremo y se termina en el otro, pero nuestro **Malecón** para ser único, se comenzó a construir por el medio, avanzando unas veces hacia el Oeste y otras hacia el Este.

Inicio del Paseo del Prado en 1895

El primer tramo, del Castillo de la Punta hacia la Calzada de Belascoaín, fue construido durante el Gobierno Norteamericano de Ocupación y nombrado por éstos como *Avenida del Golfo*. El primer Gobierno Republicano lo nombró el 12 de junio de 1902, *Avenida de la República* y el 6 de diciembre de 1909 su nombre fue cambiado al de *Avenida Antonio Maceo*, dado que este primer tramo terminaba en la Antigua Caleta, donde se construiría la estatua y parque en honor del insigne prócer.

El espacio entre los fondos de las residencias con frente a la Calle San Lázaro y el mar estaba ocupado por antiguas salinas y pequeñas huertas, por lo que la construcción de la nueva vía permitió las construcción de viviendas.

Las facilidades recreativas que existían a la altura de la calle Crespo y que eran conocidas como los Baños *El Recreo de Romaguera*, tuvieron que ser eliminadas para darle paso al **Malecón**, por lo que el Gobierno Norteamericano construyó frente al Castillo de la Punta una glorieta de hormigón para las retretas y otros usos públicos. Debido a que en este primer tramo se colocó una placa indicando que había sido construido por el Gobierno de Ocupación, muchos visitantes le acreditan a ellos la totalidad de la obra.

Esta obra que tanto embelleció La Habana, además de proporcionar el mejor lugar de esparcimiento para los vecinos fue extendida por el Presidente Alfredo Zayas hasta los comienzos del Barrio del Vedado, donde se construyó el Monumento a las víctimas del Maine, primeros militares norteamericanos muertos fuera de su patria. Debido a que esa era un área en desarrollo, no debió haber habido expropiaciones de importancia.

En 1927, durante el Gobierno del General Gerardo Machado, su Secretario de Obras Públicas, Carlos Miguel de Céspedes, da inicio a la prolongación hacia el Este, bordeando la Bahía Habanera desde el Castillo de la Punta hasta el antiguo edificio de la Capitanía del Puerto, donde comenzaban los muelles.

Sin lugar a dudas ésta obra fue la de mayor envergadura en la construcción del Malecón, por ser unos terrenos muy bajos, con antiguas construcciones civiles y militares que fueron demolidas.

Recordemos sólo el Edificio de la Capitanía del Puerto, la Cárcel de Tacón, el Hospital Militar, la Cortina de Valdés y la Glorieta construida por los norteamericanos, que hubiese quedado en el centro de la vía.

Aún cuando este tramo del Malecón Habanero no disfruta de la vista y el oleaje del mar abierto, el tráfico marítimo de la había que interrumpe la visión del Castillo del Morro y la Cabaña de un lado, más los amplios parques con un gran número de hermosos árboles y estatuas, el Teatro al Aire Libre, al estilo griego, que identificamos como el **Anfiteatro Municipal** del otro, compensaban la falta de vista al **Golfo**.

Malecón de La Habana en 1928

Este tramo del Malecón es popularmente llamado **Avenida del Puerto**, aún cuando el nombre oficial sería Avenida *Carlos Manuel de Céspedes*, sin tener en cuenta que la principal estatua por su belleza y tamaño junto a la Avenida, es la del Generalísimo Máximo Gómez, realzada por los jardines de la Avenida de las

Misiones a su espalda y la entrada del **Túnel** bajo la Bahía, que la rodea.

En el año 1930 y también durante el Gobierno de Machado y con el Dr. Carlos Miguel de Céspedes como Secretario de Obras Públicas se reanudaron los trabajos de extensión al Oeste, desde el Parque del Maine, donde lo había dejado el Presidente Zayas, hasta la Calle G o Avenida de los Presidentes en el Vedado.

**Malecón habanero**

Este nuevo tramo del Malecón, al igual que el de la Avenida del Puerto, o Carlos Manuel de Céspedes, no causó expropiaciones y contó con amplias áreas verdes, debido a que los terrenos eran propiedad del Estado, donde en los tiempos del Gobierno de España se habían instalado unas baterías de cañones, para ayudar al Torreón de San Lázaro en la defensa de la ciudad.

Esta obra se realizó al tiempo en que se construía el Hotel Nacional, por lo que los parques entre la Colina del Hotel y el Malecón disfrutaron de una extraordinaria belleza, hermosas y abundantes farolas de alumbrado y paseos con pisos de mármol que hacían las delicias de los patinadores.

No hemos encontrado información sobre la existencia de baños de mar en esta área, pero con seguridad los hubo, porque en los arrecifes quedaron las huellas de las excavaciones típicas de éstos y una persona llamada "**Chocolate**", para ganarse la vida, cuidaba a los niños del barrio mientras se bañaban.

Al terminar este tramo en la muy amplia Avenida de los Presidentes, se creó un amplio espacio que fue bautizado con el nombre del "El Recodo", lugar muy visitado por los jóvenes que contaban con automóvil.

El último tramo al oeste, desde la Calle G hasta la Calle 12 del Vedado, unos dos kilómetros, si afectó muchas propiedades y conllevó notables expropiaciones por haber construido y permitido obras en la Ruta del Malecón, fijada por el planificador francés J.N.C. Forestier, desde antes del 1930.

Junto al mar y al final de la Calle "E", se encontraban desde 1864 los baños "**El Progreso**", tan populares que la Calle "E" era llamada casi de manera oficial la Calle Baños. Algo mas al Oeste y desde fines del Siglo XIX los llamados "**Las Playas**" y "**Carneado**", casi llegando a la Avenida Paseo.

Debemos recordar que desde el Río Almendares hasta la bahía, la costa habanera no cuenta con playa por lo que todos los "baños" no eran mas que una excavación en los arrecifes, como unas piscinas con libre flujo del agua del mar, cubiertas por una caseta de madera para cumplir con las costumbres de la época y la separación de sexo.

Junto a éstas había facilidades para actividades sociales, muy concurridas durante los meses del largo verano habanero.

Al final de la Avenida Paseo, o de los Alcaldes, se construyó un edificio sin tamaño ni pretensiones, llamado el **Palacio de los Deportes**, donde se realizaban las peleas de boxeo, actuaba el circo "Ringling" en sus visitas anuales a Cuba, así como cualquier otro deporte o actividad que requiriera de ese tipo de edificio, por lo que fue necesario construir uno nuevo y de mayor capacidad antes de la demolición del mismo.

Una vez demolido el Edificio del Palacio de los Deportes, del lado oeste de la intercepción de la Avenida Paseo con el Malecón se construyó un moderno hotel con un Gran Casino, nombrado Hotel Riviera.

Al terminar este último tramo del Malecón en la Calle 12 en el Vedado, el tránsito vehicular que se generó con destino a los repartos del municipio de Marianao, no podía ser absorbido por dicha calle, la Calle Calzada y el viejo Puente-Báscula conocido como el **Puente de Pote**, por lo que fue necesario construir un túnel de cuatro carriles bajo el Río Almendares.

## Los Tranvías

Este medio de transporte que tuvo sus mejores años como sistema público en el tiempo transcurrido entre el uso de los coches de caballos y los ómnibus de gasolina en Cuba, fueron muy populares en las ciudades de Matanzas, Camagüey, Santiago de Cuba y La Habana.

Cada una de las ciudades tenía un sistema distinto de carros y forma de operarlos. En Matanzas el empleado encargado de cobrar y que fue identificado "conductor" eran mujeres. En Camagüey la instalación de los tranvías fue promovida por un grupo de inversionistas cubanos en 1893, entre ellos Enrique Loynaz del Castillo, el que junto con los materiales para las obras embarcó armas para la lucha independentista y habiendo sido delatado, tuvo que salir de Cuba.

Los de Santiago de Cuba en algunas rutas tenían sólo una vía, como era el caso del que cubría la ruta del Reparto Vista Alegre al Cementerio, donde los respaldos de los asientos eran movidos y el maquinista cambiaba de "plataforma", adicionalmente los carros en Santiago tenían dos contadores, uno para los pagos en efectivo y otro para las "fichas".

En La Habana el transporte urbano sobre rieles comenzó con el tren de El Carmelo, que cubría la ruta del barrio El Carmelo en el Vedado, hasta la Avenida del Puerto, próximo al Castillo de la Punta. Otro tren era llamado el de Marianao o Zanja, uniendo el Centro de La Habana con Marianao y la Playa de Marianao. En las facilidades de este tren en La Playa, fue fundado el Club Náutico y el Reparto del mismo nombre.

Los tranvías propiamente, con carros mucho más ligeros y pequeños que los trenes, fueron propiedad de la Havana Electric Railway Light and Power Company, que adicionalmente poseía la planta eléctrica de Tallapiedra, la mayor de Cuba, y el sistema de distribución eléctrica en la Gran Habana. La Electric Bond and Share Company, adquirió en 1926 todas las propiedades de H.E.R.L.P.C., menos los tranvías que dejó bajo la dirección de Frank Steinhart y el nombre de la firma cambió a Havana Electric Railway Company, con oficinas centrales en Simón Bolívar (Reina) y Angeles.

Hasta el total desarrollo del sistema de ómnibus, La Habana disfrutó de un magnífico servicio de tranvías con treinta y dos rutas y estaciones terminales en el Vedado, el Cerro, Príncipe o Carlos III y Jesús del Monte o Víbora.

Estas estaciones, más conocidas como "paraderos", generaban actividades económicas debido al movimiento de empleados en los cambios de turnos y los servicios requeridos por los usuarios.

Quizás de todas la que menor actividad económica generó fue la del Vedado, por estar en el límite de esa zona residencial y separada por el río Almendares de la zona en desarrollo.

El paradero del Cerro estaba localizado en la Calzada del Cerro y la calle Primelles, ambas con casas aportaladas que facilitaban el movimiento peatonal y las actividades comerciales. Adicionalmente, los talleres de los ferrocarriles, con gran cantidad de obreros, estaban situados a unos doscientos metros del paradero, que es la distancia común a caminar usando cualquier medio de transporte colectivo.

Carlos III o Príncipe, que tomó sus dos nombres por estar frente a la Avenida de Carlos III y al pie de la Loma y Castillo del Príncipe, en sus primeros años fue el comienzo y final de todas las actividades del Almendares Park donde se jugaba tanto base-ball como football (pelota y balompié). La gran prisión instalada en el Castillo del Príncipe, con sus empleados y visitas de los familiares de los presos, mantuvo las actividades comerciales en el paradero y sus alrededores.

Aún cuando los tranvías usaban la letra "M" para identificarse con el paradero, en la vida diaria nadie le llamó el paradero de Jesús del Monte, sino por el simple nombre de *"La Víbora"*. Debido a que toda el área del fondo de la Bahía de La Habana que conocimos como *Cristina, Concha, Cuatro Caminos y el Pontón* era originalmente un pantano, la salida de La Habana para Guanabacoa y las poblaciones del este se hacía por la Calzada de Jesús del Monte. En lo que más tarde fue llamada *La Víbora*, estuvo el paradero para cambiar los animales de tiro, creando una actividad económica de algún valor.

Los tranvías heredaron estas actividades, siendo sus amplias facilidades centro de mítines políticos, protestas raciales y cualquier otro acto público.

Estando el paradero en el extremo del área urbanizada y con grandes extensiones de tierras altas y fácil desarrollo, en pocos años otros medios de transporte, principalmente pequeños ómnibus independientes, comenzaron a transportar a los residentes de las nuevas áreas residenciales hasta el paradero de *La Víbora,* creando un gran tráfico humano.

Aún cuando las rutas se identificaban con las terminales V, C, P, y M, otras rutas salían de las mismas terminales sin ser identificadas: F-1, F-2, U-1, U-2, U-4, I-1, I-2, I-3 salían del Vedado mientras que el I-4 salía del Príncipe, los L (por Lawton) de la Víbora.

En los casos posibles, el número después de la letra identificaba el final de la ruta: el 5 correspondía a la calle Aguila, el 4 la Estación Central del Ferrocarril, el 3 a la calle Habana, de la Habana Vieja.

Los propietarios de los tranvías no generaban electricidad, la compraban y transformaban de alterna a directa con la que trabajaba todo el sistema. La velocidad del tranvía era controlada por el "maquinista" mediante un reóstato que también le permitía dar "contra corriente" para detener el carro en caso de emergencia al hacer girar las ruedas en sentido contrario.

El reóstato estaba situado en la izquierda del maquinista y la velocidad marcada del 1 al 9 sin indicar la velocidad en kilómetros o millas correspondiente a cada número por lo que para describir una persona apurada o altamente molesta le decían "hoy tienes los 9 puntos".

Anteriormente he mencionado la "plataforma" y es hora de describirla. El cuerpo central del tranvía tenía asientos dobles de mimbre a cada lado de un corredor situado sobre el motor y los juegos de ruedas, lo que hacía que éste quedara alto en relación con las aceras. Para salvar esta situación, en cada extremo del cuerpo de asientos había un área sin asientos y un peldaño más abajo y de ésta a la acera había otro peldaño. En la plataforma del frente, al centro, el maquinista con el freno estilo **retranca** (se accionaba dándole vueltas a una palanca), el reóstato a la izquierda, un pedal a la derecha frente a sus pies para regar arena sobre los rieles cuando las ruedas patinaban por la lluvia o el jabón colocado por los estudiantes universitarios en sus protestas o novatadas y una soga colgando del techo para hacer sonar la campana.

Los carteros con sus grandes bolsos de cuero y los miembros de la policía viajaban gratis en dicha plataforma frontal. La plataforma del fondo, con los mismos escalones que la frontal, permitía a los que hacían viajes cortos, o cuando todos los asientos estaban ocupados, viajar de pie sin molestar a los pasajeros sentados.

Si usted esperaba el tranvía, al acercarse veía en la parte superior derecha la letra seguida por el número indicando la ruta, al medio y bajo las tres ventanillas la "banderola" con la ruta, escrita sobre los colores para facilitar la identificación por los entonces muchos semi analfabetos. En la parte baja una parrilla para evitar que llegaran a las ruedas los objetos que hubieran caído en la vía.

El maquinista en adición al reóstato, la retranca, el pedal de la arena y la campana, debía subir la parrilla al doblar en las estrechas calles de la Habana Vieja y usar una palanca de acero para operar las agujas que cambiaban la dirección de los rieles.

La plataforma del fondo era feudo del cobrador o *"conductor"* que debía colocar los troles, por los que el tranvía recibía la corriente, cada vez que perdían contacto con los cables, o cuando el motorista cambiaba las agujas.

Los propietarios de los tranvías habaneros operaban las lanchas de Regla, que cruzaban la Bahía de La Habana, uniendo el Municipio más pequeño de Cuba, con la gran ciudad.

También había rutas que sólo trabajaban en días especiales, como la ruta I-2, que sólo salía del paradero del Vedado, cruzaba el Río Almendares, la Avenida de Wilson, Calle 9, Santa Ursula, Maceo, Steinhart, Calle 9 y Avenida Wilson hasta el Paradero del Vedado. Esta ruta sólo trabajaba en los días en que había carreras en el Hipódromo de Marianao (Oriental Park).

Los tranvías cruzaban el río Almendares, que separa los municipios de La Habana y Marianao por el puente de la Calle 23 del Vedado (I-4) y por el puente *"de los tranvías"* que giraba sobre su centro para permitir el tráfico fluvial, lo que retrasaba las rutas que lo usaban (V-5, U-4, I-1, I-2, I-3). En la antigua ubicación de este puente se construyó el primer túnel de La Habana, uniendo la calle Línea del Vedado y la Wilson o 31 de Marianao. Al unirse las vías de los tranvías que usaban ambos puentes, se creó una de las confluencias más conocidas de Marianao, el *Crucero de la Playa*.

**Ómnibus y tranvía, 1949**

El *Crucero de la Playa* era una estructura de acero que el paso de los rieles convertía en cuatro amplias áreas de espera. La espera en el *Crucero de la Playa* tenía sus particularidades, dado que los jóvenes esperaban el U-4, camino de las playas de Marianao, hasta que por "casualidad" en el que ellos montaban venían las muchachas amigas. En otros días y horas, la espera era de estudiantes, de uno y otro colegio para terminar el viaje junto a la persona amiga.

En todo caso, mientras se esperaba se comía el *"dulce de leche"* típico de ese cruce de vías y que sólo costaba un centavo.

La operación de los tranvías eléctricos dejó de ser económicamente viable por grandes y diferentes motivos. Los tranvías tenían que cubrir el costo de mantenimiento de las vías y el tendido eléctrico, lo que les hacía prácticamente imposible extender el servicio a las nuevas áreas residenciales. El sindicato, controlado por el movimiento comunista, fijaba unas condiciones de trabajo que impedían el competir con los ómnibus, operados por propietarios independientes agrupados en forma de cooperativa.

Con el equipo totalmente obsoleto, los tranvías de La Habana fueron adquiridos por el Gobierno y en 1951 el servicio de los tranvías, que aunque llamados de La Habana, desde los primeros tiempos sirvió también a Marianao, dejaron de existir, quedando sólo parte de las vías.

Los corredores usados por los tranvías fueron transformados en modernas avenidas y aún las calles más importantes por donde habían transitado (Infanta, Belascoaín, Galiano, Reina, Monte y tantas otras, **(en las calles asfaltadas el área de la vía era adoquinada)** mejoraron su fisonomía al retirarse los rieles, adoquines, postes y tendido eléctrico. Los talleres y almacenes de los tranvías situados en la orilla oeste de la desembocadura del Río Almendares (Miramar) fueron desarrollados con lujosos edificios, incluyendo el Hotel Rosita.

Murieron sin gloria, como años antes lo hicieron los elevados frente a los muelles, a finales de los años 30 del Siglo XX.

## Los Ómnibus de La Habana

Nunca pensé que algún día escribiría sobre el fenómeno de los *Ómnibus en La Habana*, pero un joven cubano, de esos que estudiaron con los libros editados y muy modificados por el actual gobierno me dijo: "lo de la guagua llegó a La Habana de Canarias, porque allí le llaman así".

La respuesta fue inmediata y le dije: cuando en Canarias no había vehículos de motor, La Habana hacía años que tenía *guaguas*.

Una aclaración necesaria; *guagua* era una expresión popular, no usada por personas educadas ni en comunicaciones escritas. Por ejemplo, en la escuela nos ponían en fila para el **ómnibus 1, 2 o 3**. La factura mensual a los padres tenía un cargo por **ómnibus** y aún las *guaguas* públicas en sus costados leían **Ómnibus Aliados.**

De donde tomó el habanero el nombre de *guagua*, posiblemente de la corneta eléctrica, que al ser tocada hacía un sonido nuevo, distinto a las campanas metálicas usadas primero por los coches de caballos y más tarde por los tranvías eléctricos, ambos antecesores de la *guagua*.

El servicio de *guaguas* en La Habana y sus municipios cercanos se inició con camiones adaptados para transportar pasajeros, con unos simples bancos de madera, con techo metálico y sin paredes, por lo que portaban unos toldos rolladizos para proteger al pasajero de la lluvia. En los campos de Cuba estos tipos de *guaguas* se usaron hasta la década del 50 y en las Antillas Menores los vimos hasta la década de 1980.

El servicio de *guaguas* fue uno de los mejores ejemplos de la habilidad del cubano para ser empresario. Las primeras rutas comenzaron siguiendo la de los tranvías, al mismo costo que éstos, pero garantizando que llegarían a su destino antes que si usaba el tranvía.

Cada *guagua* era de un propietario distinto, por lo que en las rutas más productivas pronto comenzó la competencia entre los "*guagüeros*", lo que sumado a la garantía de llegar antes que el tranvía, ocasionó infinidad de accidentes, algunos fatales.

Ante esta situación las rutas primero se agruparon, los más hábiles adquirieron varias *guaguas* y surgieron nombres como "**La Precisa**", "**La Flecha**" y otros similares hasta llegar a la creación de la **Cooperativa de Ómnibus Aliados (La COA)**.

**La Precisa, 1930**

Las rutas fueron identificadas con números y recorrido fijo, para eliminar la competencia dentro de las propias *guaguas*, las que sólo tendrían como competencia el antiguo sistema de tranvías eléctricos al que en el año 1950 eliminaron por razones económicas.

**Ruta 30, 1940**

El tranvía eléctrico tenía que mantener sus vías, incluyendo un puente sobre el Río Almendares y la expansión de la ciudad hubiese requerido una gran inversión económica para la ya maltrecha empresa tranviaria.

La fabricación de ómnibus cerrados con asientos de frente al tráfico había comenzado en Cuba desde la década de 1930, pero fue al terminar la Segunda Guerra Mundial y estar disponibles camiones con armazones largos (chasis) y materiales que no se podían adquirir por la guerra, fue que comenzó la moderna fabricación de ómnibus en Cuba, llegando a ser fabricados con cierre de puertas neumáticas y asientos para 40 personas.

La **Cooperativa de Ómnibus Aliados** que siempre fue dinámica y visionaria creó nuevas rutas usando los ómnibus más modernos fabricados en los Estados Unidos de América, como la Ruta 79, Lawton-Playa de Marianao. Igualmente crearon o mejoraron el servicio inter-provincial desde Pinar del Río hasta Santiago de Cuba.

**Cooperativa de Ómnibus Aliados, 1955**

A pesar que ni la empresa ni los empleados contaron con las simpatías del público, el servicio del que todos protestábamos hacía el milagro de mover a la hora del almuerzo, de 12:00 M a 2:00 P.M., a unos 200,000 empleados del trabajo a la casa y de nuevo al trabajo y prestar servicio las 24 horas del día toda vez que al bajar el público a la media noche, comenzaba el servicio de *"la confronta"* para los trasnochadores.

El servicio de las *guaguas* era tan importante que la tarifa era fijada por Decreto Presidencial (equivalente a Orden Ejecutiva) y cada aumento de un centavo era seguido por huelgas y disturbios.

En una ocasión, al reclamar la **Cooperativa** que era necesario subir las tarifas para poder importar ómnibus nuevos modernos, el Gobierno autorizó que en los nuevos ómnibus la tarifa fuese de 10 centavos en lugar de 8 y que para distinguirlos serían pintados en gris en lugar de color naranja usado por los regulares.

Este caso no sólo fue de huelga estudiantil y laboral, sino de parodia, porque la **Cooperativa** pintó de gris los ómnibus más modernos hechos en Cuba y usó la tarifa de 10 centavos. En la misma noche del día en que salieron las recién pintadas *guaguas* a la calle, en la radio se escuchaba: "te llaman la bien pintá, porque a la calle saliste toda pintada de gris y al pueblo quisiste engañar".

La industria de la fabricación de ómnibus creció hasta la exportación. En San Juan hubo una línea de ómnibus de la Calle Loiza a Carolina que llamaron *"La Cubanita"*, por usar ómnibus cubanos.

Las *guaguas* eran tan cubanas que el líder sindical de los *"guagüeros"*, Menelao Mora murió en un asalto al Palacio Presidencial durante la dictadura de Fulgencio Batista.

La importancia de la Radio Cubana y la repatriación, hizo que el sobrenombre de *guagua* se internacionalizara.

En La Habana si usted era usuario de las *guaguas*, no tenía que comprar periódico, porque la *guagua* era el mejor lugar de expresión pública.

## El Alumbrado Público en La Habana

En el año 1590, por Real Cédula del Rey español Felipe II, La Habana fue declarada "ciudad", pero sólo podía serlo bajo las normas del Siglo XVI, porque carecía de todos los servicios públicos básicos, como acueducto, calles empedradas o alumbrado público.

No fue hasta el último tercio del Siglo XVIII, o sea doscientos años más tarde que la ciudad amurallada comenzó tímidamente a disfrutar de esos servicios, dejando atrás la zanja real y empedrando algunas pocas calles.

El uso de las casonas residenciales de La Habana antigua comenzó a sufrir grandes cambios, al dedicar sus propietarios la planta baja para comercios, al por mayor y al detalle o como almacenes de los productos agrícolas a ser exportados, sobre todo tabaco, azúcar y cueros, por lo que fabricaron la residencia familiar en la planta alta.

En no pocos casos se fabricó un entresuelo para los empleados y esclavos, los que aún hoy se pueden apreciar, dado que esos entresuelos no contaban con grandes ventanas, teniendo como ventilación sólo unos "ojos de buey" o escotilla similar a las que se abrían en la parte alta de las paredes de las iglesias para que saliera el humo de las velas.

Estas residencias en planta alta contaban con largos balcones que con frecuencia se tocaban con los de la residencia contigua. En dichos balcones se instalaron unas piezas de herrería que son verdaderas obras de arte: el guardavecinos, que impedía saltar de un balcón a otro y los porta faroles.

El servicio de alumbrado público en la ciudad dentro de la muralla se inició con el uso de faroles de aceite, pero estos no disminuyeron las quejas porque no mejoraban la oscuridad, los faroles derramaban aceite sobre los transeúntes y porque el rudimentario sistema no había seguido el continuo crecimiento de la ciudad.

Desde 1820, la luz proveniente de los "portafaroles" de las residencias mejoró la iluminación de las calles, pero sólo hasta la hora en que la familia se retiraba a dormir.

La última puerta creada en la muralla fue la de Monserrate, llamada así por una pequeña ermita próxima a la nueva puerta. Esta última puerta tomó tal importancia que las calles Obispo y O'Reilly fueron las primeras y por años las únicas calles con tráfico unidireccional, tal como las conocimos. La incapacidad del gobierno sólo propuso para mejorar el sistema de alumbrado público permitir que los comercios de las calles Obispo y O'Reilly permanecieran abiertos hasta las doce de la noche, con la esperanza que las luces de los comercios mejoraran la iluminación de las dos calles más transitadas.

Este sistema de iluminación mejoró cuando a partir de 1825, pusieron en uso público y privado unas farolas francesas cuya luz alcanzaba hasta el centro de la calle. Estas farolas francesas que usaban como combustible queroseno, eran tan eficientes que los cubanos registramos una palabra en el diccionario de la Real Academia Española de la Lengua (2001, página 1406) para nombrar el combustible, *luz brillante*.

La iluminación pública usando gas fue demostrada en 1816 por un norteamericano en el edificio de la Junta de Fomento, pero no fue hasta treinta años más tarde, después de haberse organizado la Compañía Española de Alumbrado de gas, que comenzó a ser usado.

El éxito económico del alumbrado con gas fue tal que en sólo cinco años el suministro de gas por tubería llegaba a las casas hasta la Esquina de Tejas, lugar estimado distante en 1850. Este gas llamado por los habaneros como *gas de tubería*, era fabricado o manufacturado a partir de carbón mineral y petróleo que era calentado en calderas anaeróbicas, llamadas "retorts", sin oxígeno, hasta lograr que dos quintos del peso del carbón tomara la forma gaseosa.

Aún cuando hasta la década de 1860, La Habana no fue una ciudad alumbrada para los patrones de la época, el disponer del alumbrado por gas hizo posible el desarrollo de actividades nocturnas, tanto artísticas como culturales.

La economía con grandes crecimientos que disfrutó La Habana hasta 1860, a pesar de la inestabilidad de los gobiernos en España durante los dos primeros tercios del siglo, cambió a una verdadera crisis que llegó al grado de depresión, que sumada a los treinta años de lucha por la independencia, frenó el crecimiento no sólo de la ciudad sino de toda Cuba.

**Alumbrado eléctrico y porta faroles**

En la década final del Siglo XIX la electricidad llega a La Habana, pero la difícil situación económica y la inestabilidad política hacen que su crecimiento sea muy lento y al terminar el dominio español sobre la Isla de Cuba, La Habana era un muestrario de alumbrado público, pues coincidieron áreas alumbradas con los antiguos faroles de queroseno, otras con las ya no modernas lámparas de gas y pequeñas zonas usando electricidad. Durante el Siglo XX, muchas de las farolas de gas fueron fácilmente transformadas en eléctricas.

**Farola de gas transformada a eléctrica**

Estas farolas transformadas al sistema eléctrico no se encendían automáticamente, lo que creó el cargo de "farolero", que era un empleado de la Compañía Cubana de Electricidad que usando un fino y largo madero conectaba la electricidad de las farolas de una manzana, y al amanecer la desconectaba.

Este sistema se usó hasta principios de la década de 1950, no sólo en La Habana Vieja, y creo recordar haberlo visto en los populosos barrios de Jesús María, San Leopoldo, El Pilar, Cayo Hueso y San Lázaro.

Durante el Siglo XX, La Habana se convirtió en una ciudad que hacía alarde de su magnífica iluminación pública, con hermosas farolas de bronce en los parques y paseos y la incorporación de modernas luminarias no incandescentes, sino las muy modernas de vapor de mercurio.

## Servicios Médicos de La Habana

Mucho se habla de los servicios médicos que reciben los cubanos bajo el actual sistema socialista. En Cuba como en la mayoría de las naciones, el sistema de salud pública recae en el Gobierno Central, por lo que relacionar aquellos centros de salud que en adición a los pertenecientes al *Gobierno Nacional*, fueron construidos y operados por el *Gobierno Municipal* de la Ciudad de La Habana, deben ser destacados:

**Hospital Municipal Freyre de Andrade**, construido en el primer cuarto del Siglo XX por el Alcalde de La Habana, General Fernando Freyre de Andrade, está situado en una manzana formada por la Avenida de Carlos III y las calles Jesús Peregrino, Espada y Hospital, aunque el nombre de la calle no tiene relación con este hospital, sino con uno que existió en el Siglo XIX en la calle San Lázaro.

Cuando la construcción de este hospital de proporciones majestuosas, pórtico monumental y hermosa escalinata de granito fue terminada en 1920, el Alcalde Freyre de Andrade había fallecido y su sucesor el Dr. Manuel Varona Suárez, decidió que llevara el nombre de su creador y le nombró *Hospital Municipal Freyre de Andrade*, aún cuando para los habaneros siempre fue el *Hospital de Emergencia*, por contar con todas las facilidades médico-quirúrgicas para atender todo tipo de accidente, cualquier día y a cualquier hora.

En este hospital falleció durante la dictadura de Machado el estudiante universitario Rafael Trejo.

**Hospital de Maternidad América Arias**, construido durante los últimos años de la Presidencia de Gerardo Machado, por el Alcalde de La Habana y más tarde Presidente ejemplar de la República, Miguel Mariano Gómez, está situado en el Vedado en la manzana formada por la Avenida de los Presidentes y las calles Línea, H y 9 (la misma manzana de terreno donde a fines del Siglo XIX nació el Equipo de Pelota Habana).

**Hospital de Maternidad Municipal América Arias**

La Cámara Municipal deseaba dar a este Hospital el nombre de Elvira Machado, esposa del Presidente Machado, pero finalmente cuando en 1931 fue terminado, se le dio el nombre de la esposa del Segundo Presidente Republicano y madre del Alcalde, la gran dama cubana América Arias, la que siendo Primera Dama de la República, solicitó y obtuvo del Santo Padre la autorización de cambiar la Parroquia que estaba bajo la advocación de la Virgen de Guadalupe al de Nuestra Señora de la Caridad, siendo el primer templo en La Habana dedicado a la Patrona de Cuba.

Los arquitectos del edificio moderno, con base de románico, fueron Evelio Govantes y Félix Cabarrocas y desde su fundación fue un modelo en su género que brindó las mejores facilidades a las madres pobres del Municipio de La Habana y otros Municipios aledaños, hasta la construcción en 1941 del Hospital de Maternidad Obrera en la Avenida de Columbia, hoy Avenida 31 en el Municipio de Marianao.

**Hospital Municipal de Infancia**, igualmente construido siendo Alcalde de La Habana Miguel Mariano Gómez y con diseño de los Arquitectos Evelio Govantes y Félix Cabarrocas fue construido en 1931 en los terrenos formados por la Avenida de los Presidentes y las calles F y 27 en el Vedado.

Su proximidad a la Escuela de Medicina de la Universidad de La Habana, permitía que los 290 niños hospitalizados y los más de mil casos diarios de clínica externa, contaran con el mejor servicio disponible.

**Hospital Municipal Clínico Quirúrgico**, el último Hospital Municipal de La Habana, fue construido en 1957, bajo el Gobierno del Alcalde de Facto Justo Luis del Pozo, en un terreno limítrofe del Barrio La Ciénaga, Avenida 26 del Vedado y la Avenida de Rancho Boyeros.

El edificio de estilo ultramoderno fue nombrado Mercedes del Puerto en honor de la difunta madre del Alcalde. El edificio de varios cuerpos casi separados y de siete plantas de altura y capacidad para 250 camas, no tuvo historia por la pronta llegada del Gobierno Socialista.

Adicionalmente el Municipio de La Habana poseía y operaba el Instituto Municipal Joaquín Albarrán, fundado en 1928, en la calle Campanario 227, para enfermedades de la piel, sífilis y enfermedades venéreas; Dispensario Municipal de Vías Respiratorias, originalmente sito en la Calzada de Jesús del Monte y trasladado en 1955 para la Calzada de Puentes Grandes, próximo a la Avenida 26 del Vedado, Dispensario de Higiene Infantil Municipal, en la esquina de las Calles 15 y 8 del Vedado, para medicina preventiva.

Al inicio de la República en 1902, el Municipio de La Habana sólo contaba con tres **Casas de Socorro** para servicio médico primario, llegando a prestar servicios en 1958 doce: Primer Distrito, Economía No. 3; Segundo Distrito, San Lázaro 611; Cerro, Arroyo Naranjo, Mantilla, Luyanó, Vedado, Casablanca, Los Pinos, Muelle de Luz, Lawton y Arroyo Apolo.

En este trabajo sólo se ha querido destacar los servicios de salud brindados por el Ayuntamiento de La Habana, por lo que no se ha hecho mención a los Hospitales Públicos del Ministerio de

Salubridad y Asistencia Social; los dependientes de la Universidad; ni los que constituían la mayoría, los pertenecientes a Sociedades Mutualistas y Empresas Privadas.

No es posible identificar los hospitales construidos después de 1958, porque el Hospital Freyre de Andrade (1926) ahora es *Instituto de Cirugía y Anestesiología*; el Hospital Municipal de Infancia (1931) es ahora *Hospital Municipal Infantil Pedro Borrás;* el Hospital Municipal Clínico Quirúrgico (1957) es ahora *Hospital Clínico Quirúrgico Joaquín Albarrán* y a otros les han dado nombres como Fructuoso Rodríguez, Frank Pais, etc.

Al leer este trabajo debemos tener un recuerdo para los grandes alcaldes de La Habana, Julio de Cárdenas, Miguel Mariano Gómez, y otros que con menores capacidades hicieron lo posible para que La Habana fuese esa gran ciudad, orgullo para unos y envidia para otros, que no pueden comprender nuestro dolor.

# Breve Historia de la Iglesia Cubana

La historia de la Iglesia en Cuba no es distinta a la del resto de América durante los Siglos 16, 17 y 18, en que las órdenes religiosas, principalmente franciscanos y dominicos trataron de evangelizar a los indios primero y a éstos y los negros después, al tiempo que fundaban seminarios y universidades.

Debemos tener en cuenta que durante todo el tiempo de la colonización española, desafortunadamente la Iglesia debido al concordato fue una rama del gobierno español, el que la mantenía económicamente y a cambio de esto llegó a someter a Roma la recomendación para el nombramiento de los obispos. Errores de una época que después tendrían un alto costo para la iglesia.

Al llegar el Siglo XIX, la iglesia cubana disfrutó de una época brillante. El nombramiento del obispo Juan José Díaz de Espada y Fernández de Landa, el Obispo Espada como sería llamado en Cuba, para la Diócesis de La Habana fue un regalo del Espíritu Santo para la Iglesia en Cuba.

El Obispo Espada, nacido en Alava el 29 de abril de 1756 en el seno de una familia de la nobleza vasca y de profunda tradición católica, heredó de sus antepasados un gran amor al pensamiento científico e ilustrado.

Estudió en la Universidad de Salamanca donde cursó 16 años de estudios mayores, en una época en que las ideas de la ilustración hispana y las tradiciones medioevales se enfrentaban en aquel centro docente. De allí salió el futuro Obispo nutrido con las ideas del Siglo de las Luces: el progreso, las ciencias y el arte guiarían desde entonces sus pasos.

Tenía licencia para leer libros prohibidos: sus lecturas favoritas eran los enciclopedistas franceses, los fisiócratas españoles y otros autores que concordaban con esas corrientes.

Fue el reformista en la educación, las costumbres, la vida social y económica que requería la sociedad de la época y La Habana tuvo la dicha de tenerlo como Obispo.

Desde el punto de vista material, la reconstrucción de los templos, construcción de nuevas parroquias, fundó el cementerio que llevó su nombre y reformó la Casa de Beneficencia, la casa de expósitos y la casa de recogidas.

Pero su mayor aporte a Cuba fue en el orden cultural, la Universidad, el Seminario, la Academia de Arte San Alejandro, fundada durante su dirección de la Iglesia Habanera.

Alentó la entrada de los "criollos" a la vida religiosa y estimuló los estudios y participación de éstos en la vida política y económica de Cuba. A su sombra se desarrolló el Padre Félix Varela, el "Santo Cubano" como le llamó José Martí.

A la muerte del Obispo Espada el gran educador y patriota cubano, alumno del Padre Félix Varela, Don José de la Luz y Caballero pronunció estas palabras: "Fue unos de los hombres que más ardientemente deseó y promovió la felicidad de nuestra Isla". Desafortunadamente, durante la época republicana en Cuba, todo este siglo, sólo se destacaron y enseñaron los muchos méritos patrióticos de Varela, no su enorme trabajo como soldado de Cristo.

Falleció en La Habana el 13 de agosto de 1832.

Su muerte más los problemas de España, marcaron el final del progreso de la Iglesia Católica por el resto del Siglo XIX.

La década de 1840 no fue propicia para la Iglesia en España y sus colonias, pues continuaron las expulsiones de las órdenes y la expropiación de los bienes inmuebles.

La década de 1850 comenzó con el concordato del 17 de octubre de 1851. Este desafortunado concordato fue según Vicente Cárcel Orti "Ante todo un acto político tanto por parte del estado español como de la Santa Sede" y significó el regreso al sistema de Patronato Real de 1753, que de nuevo reconocía a la Corona Española los más amplios poderes en el nombramiento de obispos y otras dignidades y cargos eclesiásticos.

Destaca la labor de San Antonio María Claret, quien fue nombrado Obispo de Santiago de Cuba en marzo de 1851, después de haber estado 15 años sin Obispo, terminando éste en 1857 después de un atentado en Holguín.

La llamada "Revolución Gloriosa" de 1868 en España, demostró lo frágil que era la Monarquía de Isabel II y su pilar, la Iglesia Católica. Ocurrieron nuevos cambios en la Iglesia con la restauración en 1874.

La España Alfonsista no cambió el curso de la Iglesia Española que era mayoritariamente Carlista. En Cuba desde la muerte del Obispo Espada en 1832 se desalentó la promoción del clero nativo y los pocos ordenados fueron relegados a parroquias de "ingreso" en pequeños pueblos.

La poca preparación, cultural y religiosa del clero asignado a Cuba y el españolismo del mismo, mayormente desde los movimientos separatistas de 1850, sumados al hecho que en 1895 al comenzar la Guerra de Independencia de Cuba, España era el único país de Europa que mantenía concordato con la Santa Sede y que el Papa León XIII era el padrino de bautismo del Rey Niño, Alfonso XIII, lo que fue muy utilizado por la Regencia, hizo que la República de Cuba naciera en 1902 identificando a la Iglesia con España.

Durante los años de luchas por la Independencia, medio siglo, muchos cubanos se habían agrupado en Logias Masónicas, mas por razones políticas al poder conspirar desde el secreto de la Logia, que por verdaderas creencias. De hecho, la logia masónica de Cayo Hueso en la Florida se llama "Félix Varela".

Este hecho fue muy utilizado contra la Iglesia Católica haciendo resaltar la "masonería" de muchos de nuestros patriotas, especialmente la de José Martí. En otros casos como el del Siervo de Dios y candidato a los altares, el Padre Félix Varela, haciendo resaltar sus valores patrios y callando su vida como sacerdote excepcional.

El Siervo de Dios Padre Félix Varela

En medio de esas dificultades y la falta de personal preparado, las conmociones políticas y los naturales dolores de crecimiento, la Iglesia Cubana fue ganando el reconocimiento del pueblo y encarnándose en él.

Naciendo al Siglo XX con sólo dos Diócesis y muy pocos sacerdotes y religiosos, casi todos extranjeros, al llegar el año triste de 1961, la Iglesia Cubana contaba con el Primer Cardenal de todo el Caribe, seis Diócesis, tres Universidades Católicas regidas por Padres Agustinos y Jesuitas y Hermanos de La Salle, ciento sesenta y tres Escuelas Católicas, varias de ellas consideradas dentro de las mejores Escuelas Vocacionales.

**Hno. Victorino, FSC**
Fundador de la
Juventud Católica

En 1961 había en Cuba, para una población de 6.5 millones de habitantes 670 sacerdotes y 8,120 religiosos y religiosas. Trabajaban en Cuba un total de 158 comunidades femeninas y 87 comunidades masculinas. Al finalizar el año 1961 el personal religioso se había reducido a 200 sacerdotes, 43 comunidades femeninas y 17 comunidades masculinas con un personal total de menos de mil personas.

Los movimientos laicos que tanto sirvieron en la evangelización del pueblo, en especial de la ruralía, fueron totalmente eliminados por persecución, hostigamiento y aún fusilamiento.

Una gran parte de las propiedades de la Iglesia, en especial las universidades, escuelas católicas y asilos fueron confiscados sin compensación alguna.

El 17 de septiembre de 1961, 131 sacerdotes entre ellos el Obispo Eduardo Boza Masvidal, fueron expulsados en el Vapor Español "Covadonga" a pesar de que muchos sacerdotes cubanos habían servido como capellanes en el Ejército Rebelde en las Sierras a petición de la tropa y contando con el permiso de los obispos, y que uno de dichos obispos había salvado la vida de Fidel Castro el 26 de julio de 1953.

Con el establecimiento de la Sociedad Socialista, el ateísmo se convirtió en una "religión", según reconoció años más tarde el propio Fidel Castro. Esto evidentemente ha quedado en el pasado.

Ese ateísmo se manifestó en diversas formas, y afectó a diferentes iglesias cristianas. La discriminación religiosa, que impedía acceder a determinados puestos profesionales o al estudio de algunas carreras universitarias, unido a la presión social sobre las familias para persuadirles y mantenerlos alejados de los templos, continuó acelerando la disminución de los feligreses que vivían su fe.

A ello se unió un sistema educacional ateo que negaba toda trascendencia espiritual, sentando las bases del ateísmo de estado, sancionado en la constitución socialista de 1976.

En 1986, después de la Visita del Santo Padre a Puebla, México, la Iglesia Católica Cubana celebró el Primer Encuentro Nacional Eclesial Cubano (ENEC).

El ENEC, a partir de una atenta reflexión sobre el pasado, sentó las bases de la Iglesia Cubana hacia el futuro. La Iglesia comenzaba así a desembarazarse de los viejos conceptos y prejuicios, comprometiéndose a ser orante, encarnada y evangelizadora en medio de la sociedad. Se puso fin a una pastoral de conservación y se dio inicio a una pastoral más activa, sobre todo en la línea de un anuncio explícito del mensaje evangélico y orientada a lograr un mayor espacio de participación social del laico.

Como resultado, en 1991 El IV Congreso del Partido Comunista aprueba el ingreso de creyentes a sus filas. En 1992, se introdujeron modificaciones a la Constitución de 1976 y se declara el carácter laico del Estado Cubano. Laico, no ateo.

Imagen de la Virgen de la Caridad
en el Santuario del Cobre

Actualmente las actividades de la Iglesia continúan con dificultades, para el ingreso de sacerdotes y religiosos, para la comunicación, pues no cuenta con espacio en la prensa, radio o televisión y aún para las obras de Caridad, a cargo de Caritas, pues se le dificulta el recibir ayuda de otras iglesias y organizaciones de beneficencia.

Universidad de Puerto Rico, Recinto de Bayamón-30 de marzo de 1998.

# Canonización de Pedro de San José Betancur

El 30 de julio de 2002, fue canonizado por su Santidad en la Ciudad de Guatemala Pedro de San José Betancur.

Este nuevo santo nació en Vilaflor en la Isla de Tenerife. Según su testamento sus padres fueron Amado R. González Betancur de la Rosa y Ana García. Como muchos en su época, recordemos a los obispos Valdés y Espada, no usó el primer apellido de su padre.

Habiendo nacido el 19 de marzo de 1626 y con sólo 23 años de edad, el 18 de septiembre de 1649 se embarca en el Puerto de Santa Cruz de Tenerife con destino a La Habana, siguiendo sus deseos de anunciar el evangelio como misionero en el nuevo continente. En La Habana aprende el oficio de tejedor y en enero de 1651 se embarca para Honduras y a pie llega a su destino, la ciudad de Santiago de los Caballeros, más tarde llamada Guatemala y actualmente la Antigua Guatemala, donde usando el oficio aprendido en La Habana, trabaja en el taller de tejidos de Don Pedro de Armengol.

Trató de ingresar en la Compañía de Jesús pero sin gran aprovechamiento y como dice unos de sus biógrafos "a pesar de las ansias con las que vivía de aprender" no conseguía los resultados esperados, teniendo que dejar a los Jesuitas al estar "desengañado de que no le quería Dios para letrado".

La fe del Hermano Pedro quedó grabada en la ciudad de Santiago de los Caballeros por medio de la campanita, la pandereta y los alegres villancicos que celebraban el nacimiento del Hijo de Dios, uno de los cuales decía: *"con todo el frío que hace en Guatemala, al Niño desnudo nadie le regala nada"*. En honor del Niño inició la tradición de las posadas, que hoy celebramos con alegría no sólo en Guatemala y la construcción de los *belenes*.

Usando el oficio aprendido, promovió igualmente las alfombras para la fiesta del Corpus Christi.

Entonces, como ahora, los enfermos eran forzados a dejar el hospital sin haber obtenido la total curación, por lo que el Hno. Pedro se dio a crear lo que se estima fue el primer hospital para convalecientes en el mundo, y desde luego al sitio le puso por nombre *"Nuestra Señora de Belén"*.

El Hno. Pedro fundó en 1653 la **Orden de Belemitas**, la que fue aprobada por el Papa Clemente X en 1674, siete años después de la muerte del Hno. Pedro en Guatemala el 25 de abril de 1667. Al Hno. Pedro se le acredita la conversión del Gobernador de Costa Rica, Rodrigo Arias de Maldonado y Góngora, quien sería el Primer General de la Orden de los Frailes Belemitas a la muerte del Hno. Pedro.

La orden de los Frailes Belemitas se extendió rápidamente por Guatemala y Nueva España (México) y ante la necesidad que tenía la Ciudad de La Habana de un Hospital de Convalecencia, el Obispo Compostela pidió la presencia de los Belemitas, llegando en 1704 dos Hermanos desde México.

El Obispo Compostela murió en el mismo año en que llegaron los Belemitas, por lo que éstos dependieron de la generosidad de un rico vecino de La Habana, el Alférez Juan Francisco Carvalo, quien pudo ver construido el Primer Claustro y la Iglesia antes de su muerte en 1718.

La iglesia en la esquina de Compostela y Luz, la planta baja y parte de la superior, así como el Arco del hospital de convalecencia, fueron construidos por los Belemitas, con el característico grupo escultórico de la Sagrada Familia en la escena del Nacimiento de Cristo en Belén.

Los Hermanos Belemitas llegaron a tener independencia económica en Cuba, incluyendo la propiedad de esclavos y un ingenio azucarero en el Término Municipal de Bauta, al Oeste de La Habana.

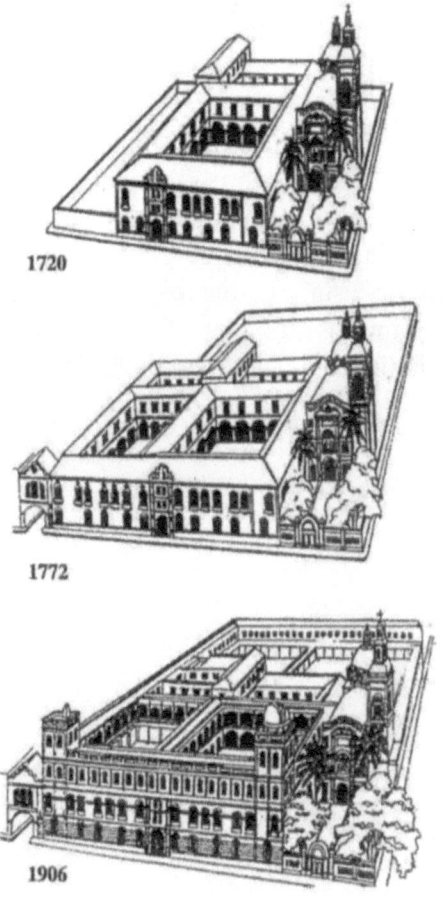

**Evolución del antiguo edificio del Colegio de Belén, concluido en 1720, ampliado por los hermanos Betlemitas en 1772 y ampliado nuevamente por los jesuitas en 1906.**

Las Cortes Españolas decretan el primero de octubre de 1820, la disolución de la Orden de Belemitas. Las autoridades españolas restablecen el 17 de marzo de 1824 el Hospital de Convalecencia y se lo entregan a los Hermanos Belemitas, que permanecen en él hasta la supresión del Hospicio en 1842. Al terminar la orden masculina de Belemitas, Sor María Encarnación Rosal, hoy beata, se dio a la tarea de restaurar la rama femenina y continuar los servicios a los más necesitados. La Beata María Encarnación murió en 1886 y su obra continúa sirviendo a los pobres.

El 16 de enero de 1854, la Compañía de Jesús se hace cargo del antiguo hospital, colegio y convento de Belén, ampliando el edificio y las fachadas, pero respetando tanto el nombre como el grupo escultórico de la Sagrada Familia.

La propiedad de esta enorme estructura fue causa de un litigio legal en los primeros años del Gobierno de la República, siendo finalmente adjudicada a la Compañía de Jesús.

# Nicanor Valdés y Álvarez de la Campa
Sacerdote de Cristo

El 31 de julio de 2006, entre las 3:35 AM y las 3:50 AM, falleció en la Casa Parroquial de San Juan Evangelista en la Urbanización Torrimar en el Municipio de Guaynabo, Puerto Rico, el R.P. Nicanor Valdés y Álvarez de la Campa.

El Padre Nicanor nació en Pinar del Río, Cuba, el 14 de febrero de 1931, siendo gemelo homólogo de Guido. Dentro de una familia de raíces cubanas, recibió sus primeros estudios en la Escuela de los Padres Escolapios en su ciudad natal.

De su época de niño en su ciudad natal, todos recuerdan su extraordinaria habilidad como batutero de la banda escolar, donde ganó premio varios años por lo alto que lanzaba la batuta sin nunca perderla al esta caer, y como portador de la luz (vela) en las procesiones religiosas, llevando su hermano gemelo la otra.

Siempre fue monaguillo en la Catedral, por lo que el Obispo Diocesano, Monseñor Evelio Díaz Cia alentó su vocación a la vida sacerdotal, para lo que fue enviado al nuevo seminario interdiocesano *El Buen Pastor* en Arroyo Arenas, provincia de La Habana.

Terminados sus estudios, fue ordenado sacerdote en Febrero de 1960, en la Catedral de Pinar del Río por el Obispo Evelio Díaz Cia. Fue asignado como coadjutor en la Parroquia Nuestra Señora de la Caridad, en la ciudad de Pinar del Río.

Pocos días antes de su ordenación, el Obispo de grata recordación, sería nombrado Arzobispo de La Habana, siendo nombrado Mons. Manuel Rodríguez Rozas, Obispo de Pinar del Río, con quien trabajó el Padre Nicanor hasta su expulsión de Cuba por el Gobierno Comunista, el 17 de Septiembre de 1961, junto a otros 129 sacerdotes y el Santo Obispo Eduardo Boza Masvidal.

Su amor a Cuba y su Iglesia hizo que, a pesar de su corta vida sacerdotal en Cuba y el poco contacto con los Obispos de su Diócesis, al morir continuara estando incardinado a la Diócesis de Pinar del Río, de la que había sido forzado a salir 45 años antes.

Hombre sencillo y cordial, sin gran preparación intelectual, con una entrega a la Iglesia y al trabajo insuperable, llegó a Puerto Rico en diciembre de 1961.

Al poco tiempo fue asignado a la Parroquia de San Mateo, sita junto al viejo Monasterio de las Hermanas Carmelitas, en el Barrio de Santurce.

El histórico, pero en estado ruinoso templo no tenía feligresía y prácticamente funcionaba como Capilla del Convento, donde las monjas de clausura comulgaban por una ventanilla al costado del presbiterio, sin ser vistas por los pocos feligreses.

En febrero de 1962, Mons. Boza Masvidal ponía al cuidado del Padre Nicanor la recién fundada Unión de Cubanos en el Exilio (UCE). Poniendo en práctica lo aprendido del Hno. Victorino en sus años en la Acción Católica Cubana, creó la Sección Juvenil de la UCE, logrando un gran número de matrimonios católicos entre aquellos jóvenes.

El Monasterio Carmelita fue vendido a un desarrollador, que como pago debía construirle un nuevo Monasterio en las afueras de la ciudad. Al deslindar la propiedad del templo y la del Monasterio, la simpatía y habilidad del P. Nicanor hizo que un gran salón al fondo del altar y el área desde donde las monjas oían Misa, que no tenían comunicación con el templo, más un patio en las dos colindancias pasaran a ser parte del templo.

Las nuevas facilidades le permitieron hacer innumerables actividades, adelantándose al Concilio creó la Parroquia por afinidad, no por geografía, aumentando cada día el número de feligreses.

El vetusto Templo fue objeto de una total restauración a su estado original, se le instaló un sistema de aire acondicionado, cuidando que no hubiese conductos expuestos, mobiliario nuevo de caoba, alumbrado incandescente, en fin, todo como le gustaba al Padre Nicanor: bueno, digno y hermoso.

Los adornos de Navidad distintos cada año, que hacía en el frente de la Iglesia, fueron primera página de los periódicos.

La labor de evangelización no la dejó en segundo plano, y creó coros para que las misas cubanas fueran cubanas; celebraba con el mismo éxito la Misa del 8 de septiembre como la del 21 festividad de San Mateo. Ayudó a los necesitados de la comunidad como a los recién llegados.

Hermoso, pequeño, acogedor, el Templo era deseado por las novias, la feligresía próxima y la flotante llenaban todas las misas, las dificultades económicas habían quedado atrás, cuando el Obispo asigna al P. Nicanor la Parroquia San Juan Evangelista de la Urbanización Torrimar, en Guaynabo.

El sustituir al Padre Rafael Zuazo, muy parecido al Padre Nicanor en su trato amable, cariñoso y poco formal, que había recibido la Parroquia en un edificio industrial prefabricado de metal y una casa parroquial en un ranchón de madera y había logrado redistribuir el interior del Templo, creando una pequeña capilla con aire acondicionado para las Misas diarias, trasladado el altar al centro del Templo y construido una cómoda casa parroquial; al tiempo que la representación de la Pasión por los jóvenes de la Parroquia en el parque de la urbanización, reseñada por la prensa, era sin dudas un reto.

La feligresía no entendía el porqué habían trasladado al muy querido Padre Zuazo, puertorriqueño, contemporáneo del Padre Nicanor y que aún cuando no tenía buena salud había dado muestras de ser entregado y trabajador. Para completar sus problemas la feligresía recibida estaba formada por familias de clase media muy alta, profesionales universitarios, comerciantes y funcionarios, a los que él no estaba acostumbrado a tratar.

Los pocos amigos del Padre Nicanor que asistíamos regularmente a la Parroquia San Juan Evangelista desde sus inicios con el Padre Agustín Ubierna en el ranchón de Madera, nos dimos a la tarea de presentarle los parroquianos, al tiempo que les asegurábamos que ganarían con el cambio.

No fue larga o difícil esta función de introductor, porque a las pocas semanas las dos partes estaban bien identificadas y todos supieron que el espíritu de San Mateo se había quedado en el padre Nicanor, por la habilidad que tenía para recaudar.

Toda la comunidad se unió en las Misas de Aguinaldo, la pascua juvenil, los retiros, estudios bíblicos, coros, grupos de jóvenes, rosarios, actividades de beneficencia, etc.

Al mismo tiempo, el edificio de metal recibía plafón acústico, aire acondicionado y muchas sillas plegables para acomodar al cada día mayor número de asistentes. Las Misas dominicales eran tantas que él logró que cada domingo los celebrantes fuesen: un jesuita, un capuchino, un salesiano y otro sacerdote visitante (por algún tiempo el Padre José).

Recordando las bibijaguas de su tierra natal, en cada oportunidad depositaba un poco de relleno en los límites de la propiedad, aumentando el área del terreno para el gran proyecto, que él sólo sabía. La oportunidad se presentó para crear una Escuela Parroquial y no la dejó pasar.

Al fin presentó su pensado proyecto, construir un gran Templo, hacer unas nuevas facilidades para la escuela preescolar y amplias facilidades de estacionamiento. Como en todo lo que emprendió para gloria de Dios, lo logró, el Templo moderno más hermoso de Puerto Rico, con calidad mundial, una magnífica escuela y un estacionamiento propio para la capacidad del Templo.

La muerte no le sorprendió, su salud y exceso continuado de trabajo le dieron aviso. Sufrió operaciones quirúrgicas, alta presión arterial y aguda diabetes, que segaron su vida a las 3:40 en la madrugada del 31 de julio de 2006, en presencia del Padre Eladier Rodríguez, que le había acompañado durante ese mes.

El Padre Eladier, panameño que reside en la Parroquia de la Inmaculada Concepción, próxima al Canal, había estado el mes de agosto de 2004 y 2005 cubriendo las vacaciones del Padre Nicanor y esperaba hacerlo nuevamente este año, cuando recibió en el mes de junio una llamada del propio Padre, pidiéndole que adelantara su viaje porque estaba enfermo y lo necesitaba.

El cadáver fue expuesto en el Templo, que con tanto amor y sacrificio construyó a las seis de la tarde del 31 de julio, siendo la primera Misa celebrada por Mons. Mario Guijarro, con un lleno total, que se mantuvo hasta las diez de la noche. El martes las visitas y misas fueron continuas, desde la primera a las siete de la mañana hasta las diez de la noche. A las seis de la tarde la Eucaristía fue celebrada por Mons. Wilfredo Peña.

**Féretro de Mons. Nicanor Valdés Álvarez de la Campa expuesto en el Templo**

El miércoles 2 de agosto continuaron las misas y rosarios hasta la Misa de Resurrección a las tres de la tarde, presidida por S.E. Roberto O. González Nieves, Arzobispo Metropolitano de San Juan, y concelebrada por S.E.R. Luis Cardenal Aponte Martínez, Mons. Agustín Román, Mons. Octavio Cisneros, Obispo designado de Brooklyn y cuarenta y ocho sacerdotes de distintas diócesis.

La homilía del sacerdote trinitario Domingo Rodríguez, gran amigo y colaborador del Padre Nicanor, y quien viajó desde México donde reside, describió el carácter, entrega y obra del amado Padre Nicanor.

Al terminar la celebración eucarística el Arzobispo Roberto anunció que debido a lo largo y lentos trámites en el Vaticano, el Delegado Apostólico no había podido comunicarle en vida al Padre Nicanor que Su Santidad Benedicto XVI lo había nombrado **Prelado de Honor**.

El féretro con los restos de **Monseñor Nicanor Valdés y Álvarez de la Campa**, salió del Templo en los hombros de llorosos sacerdotes, mientras el coro y los feligreses cantábamos el Himno Nacional de Cuba.

 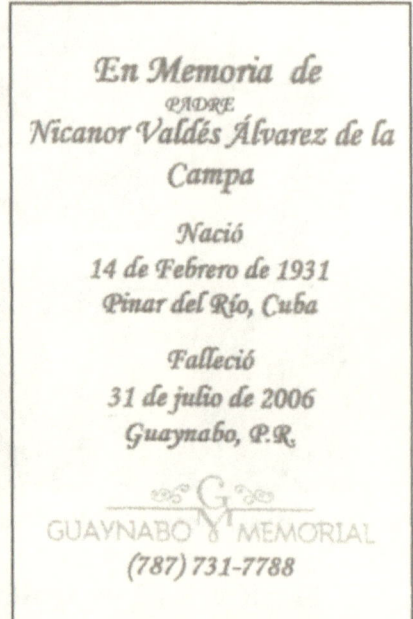

**Recordatorio del Padre Nicanor Valdés y Álvarez de la Campa**

Pasarán muchos años antes de que Puerto Rico viva una demostración de duelo como la demostrada a Mons. Nicanor Valdés y Álvarez de la Campa.

# Tropicana

De las muchas grandes obras de arte, ingeniería, arquitectura, etc., que hicieron a La Habana la ciudad más admirada y por tanto más envidiada y vilipendiada de América, el cabaret Tropicana se destaca y llama la atención porque a pesar de representar todo lo contrario a lo proclamado por la Sociedad Comunista-Socialista, el gobierno totalitario de Cuba ha hecho todos los esfuerzos que le han sido posibles para mantener viva la leyenda, preservando aún su nombre.

Los distintos lugares de entretenimiento con juegos o apuestas permitidos en La Habana se iniciaron el 3 de marzo de 1901, cuando el Gobernador Norteamericano Leonardo Wood inauguró el frontón llamado popularmente "Palacio de los Gritos" en la manzana formada por las calles Concordia, Virtudes, Marqués González y Lucena, habiendo previamente el Gobernador Wood aprobado las apuestas.

Al inicio de la República, un grupo de norteamericanos y cubanos del exilio, llegaron con la intención de fomentar el juego de azar. Quizás el menos conocido haya sido el abogado Horacio S. Rubens (relacionado con las gestiones legales en Estados Unidos para recuperar el material ocupado en La Fernandina) que construyó un hermoso palacio en el Mariel, con la intención de transportar los turistas directamente al Casino.

Este proyecto nunca operó, y el generoso amigo de sus amigos y presidente Mario García Menocal, expropió el edificio para la Escuela Naval de Cuba.

El 8 de agosto de 1919, el gobierno promulgó la "Ley del Turismo" que legalizó el juego en el *Casino Nacional* y el hipódromo *Oriental Park con el Jockey Club*, que operaba en él.

El Gran Casino Nacional, que como el Teatro y el Banco no tenían nada de nacional, comenzó operaciones con sala de fiestas, restaurantes y juegos de azar en un edificio típicamente americano, con paredes de madera revestidas en su interior con masilla y yeso y techo empinado con tejas de fibrocemento.

En 1929, el edificio fue totalmente remodelado por la firma norteamericana Schultze & Weaver la que logró darle la apariencia clasicista con un monumental arco "palladiano". La hermosa fuente de las Ninfas, obra del escultor Aldo Gamba, que estuvo frente al primer edificio, fue respetada en la remodelación.

Junto a este Casino Nacional, en las actuales Avenidas 9 y Calle 120 construyeron un edificio que contaba con Casino, área de fiestas y frontón para el juego del Jai Alai, identificado como "Casino de Verano".

A finales de la década de 1940, ambos Casinos fueron adquiridos por el club de golf, demolidos y usados sus terrenos para ampliar y mejorar las facilidades del club privado más exclusivo de La Habana.

Bajo esa Ley de Turismo surgieron varios cabarets-casinos de gran lujo y extensión, como lo fueron Sans Souci, el Chateu Madrid y el Montmartre; este último en el área del Vedado en 23 y P, en el antiguo local del cinódromo, sustituyendo el juego en las carreras de perros por la ruleta.

Varios factores influyeron en los cierres parciales o permanentes de estas y otras salas de juego. La depresión económica mundial, la intranquilidad política en Cuba, la Segunda Guerra Mundial y en menor grado la regulación del juego.

En adición a los casinos, operaron salas de juego en distintos hoteles de lujo, como en el Hotel Nacional o el Sevilla Biltmore, aunque para estos hoteles no era la principal actividad el juego.

Los Cabarets y sus salas de juego estaban dirigidas a los turistas, los cubanos o extranjeros radicados en Cuba jugaban en sociedades o clubes privados, concebidos sólo para hombres del que podía ser el paradigma el Union Club, construido en 1924, en un lote con frente a dos principales avenidas, San Lázaro y Malecón, lo que proporcionaba la discreta entrada y salida del Club.

La que fue su principal entrada, por el Malecón, se distinguía por contar con unas Cariátides en rígida y perenne contemplación del mar, que ni el tiempo ni el abandono de 50 años han logrado destruir.

Las pudientes familias cubanas, muchas educadas en Europa, mantenían la costumbre de celebrar actividades artísticas y culturales en los amplios salones de sus residencias, construidas mayormente en el naciente oeste de La Habana Colonial.

Sólo como ejemplos de esas fastuosas residencias debemos recordar las de Fausto G. Menocal (1921), Pablo González de Mendoza (1918), José Miguel Gómez (1915), Ramón Crusellas (1932), Orestes Ferrara (1928) y sobre todas las de José Gómez Mena y la Condesa de Revilla de Camargo, y la de Juan Pedro Baró y Catalina Lasa (1927) en la calle Paseo del Vedado.

Todas estas residencias fueron expropiadas en el primer quinquenio de 1960, sin compensación a sus legítimos propietarios y dedicadas a sede de embajadas, museos y actividades gubernamentales.

Bajo el primer mandato de Fulgencio Batista, primero como dictador desde el mando del ejército y después de 1940, como presidente electo, los únicos permisos legales para los juegos eran los del Casino Nacional y el hipódromo con su Jockey Club, limitados a la temporada turística de cinco meses de diciembre al 30 de abril. Esta limitación le permitió a los gobernantes hacer pequeñas fortunas dando "protección" a los operadores de todo tipo de juego, desde "la bolita", los casinos de trastienda hasta los boletos de beneficencia del uruguayo Amletto Battisti.

Durante el último quinquenio de 1930 se establecieron en La Habana y la Playa de Marianao algunas pequeñas salas de bailes y venta de licores que se identificaban como "cabarets", dentro de esos cabarets se destacaba uno propiedad del brasilero-italiano Víctor Correa, por contar con la orquesta de Alfredo Brito y un escenario en forma de media luna, que al terminar la orquesta su presentación giraba ocultando la orquesta y mostrando un nuevo escenario.

Este cabaret conocido como "Zombie" o "Eden Concert" tenía a su favor el estar localizado en la calle Zulueta, a pasos del

Palacio Presidencial y del Parque Central, pero sin posibilidades de ampliación.

Según la historia hablada, a mediados de 1939, cuando la situación económica y política en La Habana se había estabilizado, dos individuos del bajo mundo del juego de azar, Rafael Mascaró y Luis Bular, visitaron a Correa con la proposición de que éste creara una gran sala de fiestas donde ellos pudieran ocultar la operación de un casino. Le informaron a Víctor Correa que ellos contaban con protección de la policía y los medios económicos para el proyecto, que él sólo tenía que proporcionar la comida, bebida y entretenimiento artístico, que hiciese posible el trabajar diariamente a "casa llena".

Correa les manifestó que no era posible ampliar el Eden Concert, que la bebida y comida no dejaba margen para un gran espectáculo artístico y que él no contaba con recursos económicos para unas nuevas facilidades.

Mascaró y Bular le manifestaron que ellos habían asegurado una propiedad al oeste de La Habana y que él no tendría que pagar renta, ellos le construirían las facilidades que él necesitara y que si fuese necesario, le pagarían el salario de su personal. Aunque Correa de juego sólo sabía perder dinero en las mesas, la oferta no podía ser rechazada.

La propiedad rentada por Mascaró era una hermosa finca de recreo de seis acres (24,280 metros cuadrados) con una flora impresionante y magníficamente seleccionada y cuidada, tanto que el contrato de renta estipulaba que esa no podía ser afectada por el uso de la sala de fiesta.

La residencia por el contrario era ordinaria y no formaba parte de las fastuosas residencias de La Habana, ni estaba en el residencial barrio del Vedado, sino en el municipio de Marianao.

La propietaria, Guillermina Pérez Chaumont era la viuda de Regino Truffin, cubano de ascendencia francesa que había nombrado la propiedad "Villa Mina" en honor a ella, reduciendo el españolísimo "Guillermina" al más cariñoso Mina. Truffin debió haber tenido un gran capital antes de fallecer en 1925, porque fue junto con la Casa Morgan uno de los incorporadores de The Trust Co. of Cuba y Presidente de Cuban Cane Sugar Corporation y del

Habana Yacht Club. Para la fecha del arrendamiento de Villa Mina a Rafael Mascaró, el apellido Truffin había quedado reducido a la calle que daba acceso a Villa Mina y al reformatorio de varones en la barriada de Wajay en Marianao.

La burguesa advenida a comunista, Renee Méndez Capote en su libro "Memorias de Una Cubanita", publicado por la Universidad en 1963, al hablar de Guillermina dice que fue la mujer de Truffin y por una noche de Walsh, como si fuera una relación extramarital, cuando en realidad ella se casó con el senador norteamericano Henry Walsh, que falleció por un fallo cardiaco, durante su viaje de boda en un tren de la Florida a Washington, DC.

Correa se dio cuenta de las ventajas de Villa Mina, que cerraba la calle y todo su frente estaba separado de otras propiedades por una vía del tren eléctrico que corría por una excavación de más de 20 pies de profundidad.

La entrada por un puente sobre la vía férrea y los jardines con variados y grandes árboles, era el lugar perfecto para un escenario al aire libre con una orquesta completa y cientos de visitantes.

Habló con su amigo y director de la orquesta del Edén Concert para que duplicara el número de músicos, cosa que Alfredo Brito recibió con alegría, al tiempo que le informaba a Mascaró y Bular las obras que serían necesarias para el cabaret. Según lo acordado, Mascaró y Bular también proveerían los muebles y equipos de cocina, mantelería, loza, cubiertos, vasos y copas.

Para la apertura del cabaret, Víctor Correa ofrecería un espectáculo con coreografía de Sergio Orta y los favoritos del público del Edén Concert, Teresita de España y la aumentada orquesta de Alfredo Brito.

El nombre para el nuevo cabaret se tomó de una pieza musical compuesta por Brito para una revista en el Edén Concert que lee: Tropicana-Diosa de amor, eres tú mi bien-la que inspiró mi canción. (Brito grabó esta pieza en 1944, cantando Pedro Vargas).

De esta forma se inauguró el Cabaret Tropicana en la noche del 31 de diciembre de 1939 al primero de enero de 1940, ¡había nacido una leyenda!

El alto costo de la "protección", sumado a las dificultades en el transporte turístico por la Segunda Guerra Mundial y los daños físicos del huracán del 1944, causó el cierre temporal y en unos casos definitivo como el Chateau Madrid y el Casino de Verano, de la mayoría de los cabarets, pero en el caso del Tropicana facilitó que Martín Fox Zamora adquiriera de Mascaró y Bular el casino, siguiendo Correa la operación de los espectáculos artísticos.

Correa sabía que era necesario diversificar y ampliar la oferta de entretenimiento para lo que contrató una segunda orquesta bajo la dirección del pianista Armando Romeu.

Esto no fue suficiente, por lo que envió a su esposa Teresita de España en busca de un conjunto típico de folklore español para actuar en el Tropicana, pero al oír y ver a la Gran Casino que actuaba en el Pasapoga de Madrid, le impresionó los diversos instrumentos que tocan y la variedad de su repertorio.

Le ofreció un contrato de tres meses para actuar en Tropicana, pagándoles el pasaje en el vapor Monte Albertia y un nuevo vestuario. Recordemos que ella era Teresita de España, por lo que la Gran Casino sería en lo adelante Los Chavales de España.

**Los Chavales de España**

La operación del Tropicana en estos tiempos difíciles era posible porque Martín Fox Zamora, cubano de nacimiento criado en un central azucarero en Ciego de Ávila, Camagüey y casado con una prima era uno de los principales "banqueros" del juego de La Bolita. Con el capital acumulado y un préstamo de su tío-suegro, en 1950 le compró a Guillermina Pérez Chaumont los seis acres de Villa Mina, lo que cambió su relación con Correa.

El Presidente Carlos Prío, alegando reclamos del Sindicato Gastronómico, había aprobado una ley autorizando el juego de azar en los sitios en que se ofrecieran servicios de comida, bebida y entretenimiento en vivo, creando fuentes de trabajo para los gastronómicos, músicos y artistas.

Al entrar en efecto la ley, se autorizó el juego en Montmartre, Sans Souci y Tropicana, que junto con el Casino Nacional y el Jockey Club operarían legalmente sus casinos, sólo cinco en toda la Isla.

Dueño de todas las facilidades de Tropicana, Martín Fox tenía que terminar con todo lo que le frenaba: su esposa y prima Rosita García que deseaba saliera de la vida del juego y Víctor Correa que tenía su propia opinión sobre como mejorar el área del cabaret.

Lo primero fue el divorcio y lo segundo minar la presencia de Correa con su amigo Alberto Ardura, a quien Correa veía hablando y tratando con todo el personal artístico, músicos, coreógrafos y actores. La compra de la propiedad por Martín Fox sin contar con él, más bien a sus espaldas fue el mensaje y Correa aprovechó que la orquesta que él controlaba actuaría en el Hotel Waldorf Astoria en New York para viajar con ellos como administrador.

Ni Los Chavales de España, ni Víctor Correa regresarían al escenario del Tropicana. A su regreso a Cuba Los Chavales actuarían en el Montmartre y Correa sería su representante hasta su fallecimiento en 1954.

Ahora responsable tanto del cabaret como del casino Martín Fox acometió lo que por tantos años había deseado tener, unas facilidades bajo techo que permitieran operar el cabaret sin las frecuentes suspensiones por lluvias.

En 1942 estando casado Martín Fox con su prima Rosita, la que deseaba que él dejara la vida de los juegos de azar, Martín había contratado al joven arquitecto Max Borges hijo, para el diseño de su residencia frente al mar en el elegante barrio de Miramar. Durante los años pasados desde 1942, el arquitecto Max Borges hijo había diseñado varias obras importantes, entre ellas el Centro Médico Quirúrgico en el Vedado, por el que había ganado Medalla de Oro del Colegio de Arquitectos de Cuba, por lo que Martín Fox no tenía dudas en que era el arquitecto indicado para crear la cubierta del cabaret, con lo que pondría fin a las interrupciones causadas por la lluvia y las molestias del hollín del cercano central azucarero.

En 1951, Max Borges, Jr. (nunca usó el término hijo), comenzó el diseño del nuevo Tropicana, conservando lo valioso como el Casino Parisién, y relocalizando otras como la Bailarina de Ballet, escultura de Rita Longa.

La solución de Max Borges, Jr. fueron cinco arcos de hormigón con unas áreas entre apoyos (span) que variaban desde 40 hasta 90 pies. El sistema usado es llamado en inglés "thin shell" porque usa losa fina y arqueada como la cáscara de un huevo, por lo que la altura de cada arco tiene relación con la distancia entre apoyos.

La diferencia entre la altura de uno y otro arco se cubrió con cristal transparente permitiendo ver los frondosos árboles hermosamente iluminados. El frente del cabaret, que correspondía al mayor arco, también era de cristal transparente permitiendo el uso de aire acondicionado sin que se afectara la ilusión de estar bajo las estrellas.

Arcos de Cristal

Habiendo cesado sus operaciones el Casino Nacional, Martín Fox adquirió la Fuente de las Ninfas del escultor Aldo Gamba, colocándola en la rotonda a la entrada del cabaret.

**Fuente de las Ninfas**

Los arcos cubrían un área que permitía la instalación de dos pistas de baile, un gran escenario para la orquesta, cantantes y bailarinas, y unas pasarelas para las modelos, que permitían a los cientos de asistentes contemplar desde sus mesas la belleza de estas y la riqueza de su escaso vestuario.

Todo esto sucedía en el triste año 1952, y Alberto Ardura, ahora a cargo de la administración del cabaret contrató al coreógrafo Roderico Neyra conocido en el mundo artístico como Rodney. Fue Rodney el que inició en el Tropicana y en Cuba el tener dos grupos de hermosas mujeres, mulatas, unas que bailaban los fuertes ritmos de la música cubana hasta el sudor y agotamiento que según se iban retirando hacia la parte trasera del escenario, por el otro extremo salía el segundo grupo, que aunque vestidas como las anteriores, no mostraban cansancio ni la musculatura que el baile desarrollaba en las bailarinas profesionales. ¡Que bella ilusión pensar que con aquellos cuerpos podían bailar!

En 1954, el Casino estaba operando a toda capacidad, Martín Fox contrajo matrimonio con Ofelia Suárez González, quien a partir del matrimonio siempre sería conocida como Ofelia Fox. Ofelia, mujer elegante y atractiva, contrario a su primera esposa Rosita, no tenía escrúpulos en que Martín se identificara más con el juego y usaba con gran complacencia una estola de mink que le había regalado Santo Trafficante, uno de los mayores Capo de la mafia en Estados Unidos.

    Las grandes ganancias del Casino permitían que el espectáculo del Cabaret Tropicana presentara lo mejor del mundo del espectáculo, o como diríamos ahora de calidad mundial. Contrario a la opinión de muchos de que los espectáculos eran de carácter burlesco, Tropicana presentaba una gran variedad y vale la pena destacar la actuación de la balerina clásica cubana Leonela González, quien no sólo deleitaba con su ballet, sino también con su presencia porque la circunferencia de su cintura era igual a la de sus muslos.

    Comenzamos con Teresita de España, la orquesta de Alfredo Brito, Los Chavales de España y continuamos con Ana Gloria Varona, Nat King Cole, Liberace, Carmen Miranda, Olga Guillot, Celia Cruz y todo el que era o quería ser en el mundo del espectáculo.

    Producto de mi trabajo tuve relaciones comerciales con Martín Fox, que para un Banco Comercial no era cliente estimado, y contrario a la opinión de su viuda Ofelia, a pesar de su capital y relaciones con grandes figuras comerciales, siempre fue físicamente y socialmente una figura tosca que nunca dejó de ser un "banquero de bolita".

    En los últimos años de la década de 1950, se dijo que el cuñado de Batista, Roberto Fernández Miranda y el ítaloamericano Joe Bischiff, alias Lefty Clark, eran socios de Martín Fox. El no soportaba los socios por lo que me inclino a pensar que eran los que cobraban por la "protección" nacional e internacional.

    Martín Fox murió en Miami, Florida en 1960 de un ataque cardíaco y su viuda Ofelia Suárez el 2 de enero de 2006 en Burbank, California, víctima de cáncer.

    Poco antes de su muerte Ofelia publicó una historia novelada en inglés titulada "Tropicana Nights", editada por Harcourt, Inc.

    Víctor Correa, pobre y cansado, murió en Italia en 1954.

    Teresita de España murió años más tarde en una residencia asilo en Alcalá de Henares, próximo a Madrid.

## Jai Alai en La Habana

El juego de Jai Alai o pelota vasca, como también es llamado, ha sido para los vascos-navarros una identificación y motivo de unión de esa raza, que en Cuba aún cuando no fueron muchos los emigrantes de esa zona de España, dejaron grandes huellas, en especial el Obispo de La Habana, Juan José Díaz de Espada.

Por razones económicas y prácticas el juego de pelota vasca se practicaba con una pelota similar a la del tenis y era golpeada contra una pared o frontón con la mano o una pequeña cesta llamada *remonte*. A fines del Siglo XIX un vasco residente en Buenos Aires desarrolló un nuevo modelo de cesta, mucho más profunda y curvada que se fijaba a la mano del jugador (**pelotari**) mediante un guante y unas cintas atadas a la muñeca. También fue de uso común la pelota de cuero.

Esta nueva cesta que su inventor llamó *"cesta punta"* y que popularmente llamaron *"cesta Máuser"* en referencia al nuevo rifle alemán usado por el ejército español, dada la gran velocidad con que era propulsada la pelota, hizo necesaria la construcción de nuevos y mayores *frontones*.

En 1898 los hermanos Tomás y Luis Mazzantini promovieron la construcción de un frontón en La Habana. La obra contó con el apoyo de todos los vascos-navarros que habían hecho capital en Cuba. Cosa curiosa fue el que la construcción del *"Palacio de los Gritos"* como fue identificado el frontón le fuese asignada a una persona cuyo nombre es el sinónimo del cubano, Liborio Eguiluz.

La Habana contó rápidamente con otros grandes frontones. El *Habana-Madrid* en la esquina de las calles Belascoaín (Padre Varela) y Sitios, próxima a la Iglesia del Sagrado Corazón o Reina, que el público identificó como *"La Bombonera"* porque su hermoso y ventilado local fue dedicado mayormente al juego por mujeres.

Las jóvenes vascas que jugaron en él, sin gran esfuerzo llenaban los 1800 asientos de *"La Bombonera"*.

El *Nuevo Frontón*, que recibió ese nombre por haber sido el último de los tres grandes en abrir sus puertas, estuvo localizado en la manzana formada por las calles Desagüe, San Carlos, Peñalver y Marqués González y su competencia con el *Jai Alai* no se limitó a estar ambos en la calle Marqués González, sino que al ser aquel llamado el *"Palacio de los Gritos"*, éste se identificó como el *"Palacio de las Luces"*. Este frontón tuvo una vida muy corta dado que inició sus actividades en 1921 y terminó al ser seriamente dañado por el ciclón de 1926. Por razones de pobre política pública, este local le fue cedido a la CTC.

En la entrada del Country Club de Marianao, hubo dos casinos, uno muy conocido hasta finales de la década de 1940, que contaba en los jardines de entrada con la hermosa fuente de mármol blanco con unas bailarinas en su borde, que al ser demolido el edificio fue adquirida por los propietarios del Cabaret Tropicana y colocada en su frente, donde aún se encuentra.

Al lado norte del lujoso Casino, otro casino llamado Casino de Verano, en la esquina de las actuales Avenida 9 y Calle 120, con un frontón en su interior junto al Casino y el área de fiesta, fue dedicado al turismo y contó con *pelotaris* procedentes de Estados Unidos. La demolición de estas facilidades fue concurrente con la del Casino de La Habana.

Sociedades recreativas, tanto en La Habana como en otras ciudades cubanas contaron con frontones, pero al hablar de *Jai Alai* en Cuba, el *"Palacio de los Gritos"* tiene un lugar aparte.

Este frontón fue construido en la manzana formada por las calles Concordia, Virtudes, Marques González y Lucena. El 3 de marzo de 1901 se inauguró el Jai Alai con la asistencia del Gobernador Norteamericano Leonard Wood, quien había autorizado *"el juego vasco con apuestas"*.

La temporada comenzó el 10 de marzo con el himno de los *fueros vascos* y el primer intendente Rufino Osoro que había sido uno de los promotores del frontón, decidiendo éste mediante la suerte que equipo haría el primer saque. Todos los *pelotaris* en esa época eran vascos y la mayoría empleados del comercio, tanto que en los actos de inauguración Pablo Mendieta, hijo de vizcaíno, prometió que muy pronto se formarían partidos con *pelotaris* cubanos.

**Frontón Jai Alai**

No esperó mucho Mendieta para ver cumplida su profecía, porque ocho años más tarde Emilio Eguiluz Ibargüengoitía nacido en La Habana, con sólo 13 años comenzó su carrera profesional. Este joven era hijo de Liborio, el encargado de la construcción del frontón y con el paso del tiempo sería el mejor puntista de todos los tiempos.

Aún cuando ningún deporte presenta mejores condiciones para las apuestas que el *Jai Alai*, no puede ser menospreciado como deporte. Si bien el juego de *"quinielas"* como se hace en Estados Unidos es sólo para apuestas rápidas, un juego a 28 o 22 tantos, en que muchas veces el zaguero desafiando la ley de gravedad *"trepaba"* tanto la pared lateral como la del fondo para contestar el tiro que viajaba a más de 100 millas por hora, es *deporte, arte, ballet y magia*.

La velocidad que desarrolla la bola al salir de la cesta es tal, que los límites superior e inferior de la pared de rebote-frontón están definidos por una plancha metálica que al ser tocada por la pelota suena como campana, eliminado el juicio humano.

En La Habana la rivalidad entre la pelota americana-*baseball* y la vasca fue muy grande en el primer tercio del Siglo XX, llamando los primeros al frontón "*El Gran Garito de la Calle Concordia*" y proclamando las pérdidas sufridas en 1921 por Babe Ruth en sus noches de *Jai Alai*. El paso de los años y el gran número de *pelotaris* cubanos, logró que se efectuaran competencias anuales entre los jonroneros y los sagueros lanzando desde el "home" la pelota con el bate y la cesta, ganando mayormente los pelotaris, al lograr mayor distancia.

Las apuestas en el *Jai Alai* hacía que los pelotaris tuvieran que hacer temporadas, para mantener el interés al ser formadas las parejas con distintos pelotaris, eliminando los invencibles. Esta condición hizo, a pesar de haber grandes pelotaris cubanos y otros vascos casados con cubanas, que los visitantes formaran sus cuarteles, tanto de vivienda como de comidas a lo largo de la calle Belascoaín desde el Malecón a Carlos III.

La Habana contó con no pocos restaurantes vascos, pero yo mantengo en la memoria como favoritos *El Centro Vasco,* tanto en Prado como en la Calle Tercera del Vedado, comida muy buena, abundante y cara, y el Toki Ona en la calle Marqués González, con los dos primeros atributos del Centro Vasco.

El maestro del costumbrismo cubano y gran escritor deportivo, Eladio Secades no era un comentarista habitual del *Jai Alai*, pero cuando lo hacía uno podía imaginar el estar en el frontón. Dentro de los grandes pelotaris recuerdo a Iriarte, Erdoza-Mayor y Menor, Pistón, Guara-Mayor y Menor, Gómez Naya y tantos otros. La economía cubana hizo posible que el mejor *Jai Alai* del mundo se jugara en La Habana, toda vez que el joven que se destacaba en el País Vasco era contratado para jugar en el **Frontón de la Calle Concordia.**

## Play Ball

Son muchos los libros escritos, tanto en español como en inglés, relatando la actuación de las estrellas cubanas que se han destacado en el "*baseball*" o pelota a nivel mundial.

Adolfo Luque

Napoleón Reyes

Los distintos libros destacan la actuación en las Grandes Ligas, las Ligas de Color en Estados Unidos, las Series aficionadas o "amateur" del Caribe, la Liga Mexicana y el propio juego dentro de Cuba, pero han dejado la parte política o nacionalista en que nació, se alimentó y desarrolló la pelota cubana.

El gobierno español como institución y el español como persona trataron por todos los medios de impulsar entre los cubanos los deportes y gustos peninsulares, mayormente las corridas de toros y el *balompié* (football).

Los españoles construyeron ruedos en La Habana y Regla, así como algunas ciudades del interior y en 1844 tuvieron un torero cubano, Betancourt *"El Habanero"* que no llegó a nada porque el criollo habanero, como el de toda Cuba prefería las peleas de gallos.

Los cubanos educados, como José Antonio Saco, no quieren ni lo uno ni lo otro, pero las autoridades prohíben esas expresiones de rechazo, porque el "deporte" de los toros simbolizaba a España, llegando a imponerse una multa a José de Jesús Márquez, porque en el periódico "La Aurora" publicó en 1866 un artículo promoviendo una asociación contra ambos espectáculos, y prohibían que la prensa publicara cualquier anuncio de dicha Asociación Anti-Toro.

Muertos para siempre en Cuba los toros y siendo el balompié el deporte de los "voluntarios", miembros de la Milicia Española, los criollos importan dos nuevos deportes de Estados Unidos: el Base-ball y los Patines.

Los españoles y algunos tradicionalistas llaman a esas dos nuevas formas de diversión como unas "extranjerías" propias del aumento en el comercio con Estados Unidos durante el último cuarto del Siglo XIX.

En 1887 hay tanto fanatismo entre Rojos y Azules, que nada menos que Enrique José Varona interviene desde la *Revista Cubana*, elogiando el Base-ball, pero lamentando sus efectos y riñas callejeras.

El fundador de los Rojos del Habana fue el patriota cubano Emilio Sabourín, quien habiendo perdido a sus hermanos mayores en la Guerra de los 10 Años, se dedicó en un terreno formado por las actuales Calles G, H, 11 y 9 en el Vedado, a desarrollar en Cuba la práctica del Base-ball o juego de pelota, para formar jóvenes fuertes que pudieran combatir mejor por la libertad de Cuba. El Gobierno Español estimó que eran labores conspirativas y lo condenaron en 1896 a veinte años de presidio en Ceuta, donde falleció en 1897, a los 44 años de edad.

Para esa fecha todos los jóvenes habaneros, especialmente los de clase media, practicaban la pelota, por lo que un poeta de apellido Ramírez escribió:

Tiene la gente devota
del bullicio y la alegría
por la pelota manía
y no suelta la pelota.
suda el quilo gota a gota
con "beisbolero" interés
y conozco a más de tres
que llevan su frenesí
hasta no entender el sí
como no le digan "yes".

Más que juego es profesión,
y afrontando unos reales
se adquieren profesionales,
género de importación.
Cultivando por tesón
juego que tanto alborota,
en época no remota,
fecunda en gloria y honores
tendrá también doctores
la ciencia de la pelota.

Tira el "pitcher "lou" o "jay"
y el "barman" sacude el palo;
¿le dio?, ¡a correr! ¿la erró?, malo
ya tenemos "uan stray".
¿Repite el error? Ya hay
quien vocifere que es "ao"
y si coger llega un "fao"
el "quecher", lace perdido,
se queda el "batman" corrido
y el pueblo grita: ¡ponchao!

Muchas lindas habaneras
sienten del juego el contagio
y hacen amoroso plagio
de las luchas peloteras;
al que en frases plañideras
les declara su pasión
y quiere meterse en "jon"
sin sacramental detalle,
le ponen "ao" en la calle
y mamá le da el "escón".

Este higiénico ejercicio
yo lo aplaudo y lo aconsejo
y si no fuera tan viejo
lo tomaba por oficio.
Es prueba de buen juicio
prevenir una derrota;
quien juega al "béisbol" denota
tacto, talento profundo,
porque es preciso en el mundo
saber darle a la pelota.

    En el año 1953, centenario del nacimiento del fundador del Habana, se dedicó un pequeño monumento a la Memoria de Emilio

Sabourin. El Monumento de piedra y mármol con una placa de bronce donde aparece la efigie del homenajeado, fue emplazado en la Calle H entre 9 y 11 en la misma manzana donde fundó el Habana y que ahora es ocupado por el Hospital de Maternidad América Arias.

Esperamos que esta pequeña narración sirva para que algunos descubran el por qué siendo los "Leones" el emblema del Habana y de España, en los programas de Alberto Garrido y Federico Piñero "Chicharito y Sopeira", el negrito era del Habana y el Gallego del Almendares, que tenía como emblema "El Alacrán".

## Los Cines en La Habana

Según los muchos cubanos que estudiaron la cinematografía como medio de cultura, propaganda, comunicación, etc., siempre oí decir que el cine había llegado a La Habana en *"Tiempos de España"* 1897 y que había sido en un pequeño comercio en la calle Prado próximo al Hotel Inglaterra.

El impacto del cine en la vida de los cubanos y sobre todo en los habaneros, fue muy grande y todas las vertientes del pensamiento se dedicaron a su estudio, siendo varios los cubanos reconocidos mundialmente como verdaderos conocedores del tema.

La iglesia católica creó una organización para el estudio y recomendación moral de las películas próximas a ser estrenadas, basándome sólo en la memoria, recuerdo el conocimiento, capacidad de trabajo y dedicación a la decana América Penichet, Luis Trelles, Alberto Cardelle.

Trataré de traer a la memoria de algunos el sabor de los cines habaneros, sin importarnos las películas que proyectaban. Las salas de proyección (cines) tenían un origen y comodidades que podríamos calificar de la A a la Z, desde locales comerciales adaptados, antiguos teatros y otros construidos especialmente para la proyección cinematográfica.

Los cines de barrio no tenían las mejores condiciones, pero tenían mucho más sabor a un costo menor. Hasta la terminación de la Segunda Guerra Mundial no había proyectores con bombilla, por lo que la fuerte luz del proyector era producto de la chispa que se establece entre dos carbones conectados a los dos polos de un circuito eléctrico, cuando después de ponerlo en contacto, se alejan uno del otro, los carbones se iban quemando y requerían la constante atención del operador en medio de la pequeña sala de proyección llena de humo, porque cuando los carbones por el uso se alejaban uno del otro, la intensidad de la luz bajaba afectando la imagen, lo que formaba una gritería contra el operador.

Igual resultado tenía la pérdida del sonido, gritando: **vitaphone, vitaphone**, que no era el nombre del operador sino el del sistema de sonido sincronizado que había terminado con el cine mudo.

Los cines tenían cuatro empleados, el proyeccionista, el taquillero que era el único que podía ser mujer, el portero y el acomodador, que no sólo le facilitaba con su linterna encontrar asiento a los que llegaban con el cine a oscuras, sino que con su linterna mantenía la conducta de las parejas sin chaperonas.

Todos los periódicos habaneros tenían páginas dedicadas al cine, pero éstas eran para los cines de estreno, por lo que, los de barrio tenían en el frente del edificio unas grandes carteleras en que con engrudo fijaban las mejores escenas de la próxima película. Estos cines aunque por ser de segunda categoría se identificaban como "*de barrio*" los había en toda La Habana y algunos tenían funciones a las doce de la noche, donde proyectaban películas casi tan inmorales como las que ahora pasan por televisión en horario de familia.

Como estos cines eran operados en asociación; Circuito Carrerá, Circuito Smith, Circuito Donestevez, etc., el trasiego de los rollos entre una sala y otra usando motocicleta era un arte, para no interrumpir la proyección porque el siguiente rollo no había llegado. Las películas eran fabricadas usando nitrato de celulosa, material muy inflamable, por lo que siempre debían de estar dentro de unas latas, lo que hacía aún más difícil el traslado de cada rollo.

Esa condición de altamente inflamable causó un gran incendio en las facilidades de la *Columbia Picture* en pleno centro de La Habana comercial, poniendo en peligro a los otros distribuidores que rodeaban a la Columbia, por lo que todos fueron forzados a mudar sus facilidades para edificios modernos, con protección contra incendios en el área del Ensanche de La Habana, próximos a la Terminal de Ómnibus.

Los cines de estreno o de primera, no eran superados en ninguna parte del mundo. El equipo de proyección, las butacas, pantalla, sistemas de sonido y aire acondicionado, así como el estado de limpieza de las facilidades sanitarias, dejaban totalmente complacidos a los usuarios.

A finales de la década de los cuarenta del pasado siglo, al no tener la Warner Bros. en La Habana un cine donde estrenar sus películas, entró en negociaciones con Angel Cambó y los hermanos Mestre para construir y operar un cine como parte del complejo Radio Centro en L y 23, en el Vedado. En este cine se instaló el sistema de proyección en 180 grados, llamado "*Cinerama*", desarrollado por Warner Bros. y de corta vida por el alto costo de filmación.

Durante los gobiernos del partido Auténtico, de 1944 a 1952, dos legislaciones afectaron a los cines de estreno. La primera fue fijando un impuesto sobre la entrada que costara un peso o más, lo que automáticamente fijó el precio máximo en $0.99, para no pagar el impuesto; al tiempo que le doblaron el sueldo al taquillero, dado que nadie reclamaba el centavo devuelto. Trescientas personas eran equivalente a $3.00 (pesos) y el sueldo promedio de este empleo era de $2.75 diario.

La segunda de mucho mayor alcance fue la que obligaba a todos los cines de estreno a tener un espectáculo vivo, para darle vida al artista cubano. Aunque no se establecía que los artistas tenían que ser cubanos, el factor costo le dio una buena oportunidad a cantantes, artistas y músicos de trabajar y darse a conocer.

Originalmente la legislación no se tomó como importante, pero en muy poco tiempo la decisión de quien tenía mejor oferta, el "show" vivo pesaba tanto o más que la película.

Los espectáculos vivos en los cines junto con el auge de la televisión que también tenía que ser en vivo por el sistema de grabación existente en esa época, permitió la presentación en La Habana de los mejores artistas y músicos del mundo, al ser contratados para trabajar simultáneamente en televisión, cine-teatro y cabaret.

Algunos pequeños cines, como el Radio Cine, eran esporádicamente cine de estreno de productores independientes o de películas en español y por su poca capacidad y precio módico tenían un presupuesto limitado para el espectáculo vivo, por lo que recurrían a jóvenes o figuras de nostalgia, que podían contratar por poco salario, dándoles la oportunidad de crecer y de vivir.

Esto no es un trabajo sobre los músicos, cantantes y artistas, por lo que sólo mencionaré algunos de los muchos que recuerdo trabajaron en los espectáculos vivos de los cines habaneros. Los cubanos Orlando Guerra (Cascarita), Benny Moré, Rosita Fornés, Rita Montaner, Olga Guillot, el Trío Matamoros, René Cabel, Olga y Tony, Joseíto Fernández, Miguelito Valdés (Mr. Babalú), el Trío Servando Díaz, a éstos se unieron las mejores bailarinas y grandes músicos.

Los artistas extranjeros actuaban casi permanente y sólo salían cada seis meses cuando la visa de trabajo los obligaba, entre ellos recuerdo a los puertorriqueños: Mirta Silva, Daniel Santos, Lucy Fabery, Carmen Delia Dipiní; argentinos: Libertad Lamarque, Dick y Biondi; españoles: Los Churumbeles, Gaby-Fofó y Miliki, Las Estrellas de Cabalgata y Los Chavales de España; y por último los mexicanos: Pedro Vargas, Tin Tan y su carnal Marcelo, Tito Guizar, más un gran número de venezolanos, colombianos y otros sur americanos.

En La Habana, en los inicios del cine, hubieron varios cines sin techo, yo sólo conocí **El Verdún**, en la calle Consulado, que decorado interiormente como patio sevillano, era muy fresco cuando no llovía, pero si durante la proyección comenzaba la lluvia, corrían las lonas del techo y en lugar de agua caía polvo, tierra y óxido.

El sistema de auto-cine, tan popular en los Estados Unidos en las pasadas décadas, no dejó huellas en La Habana, dado que aunque quizás por otras razones, en La Habana como en otras grandes ciudades del mundo, el transporte público masivo se impuso al del automóvil.

**Cine Teatro Fausto, 1938**

**Cine Arenal**

# 1830

Durante la década de 1950 se estableció en la que fue hermosa residencia del Ministro de Obras Públicas del presidente Gerardo Machado y Morales, el Dr. Carlos Miguel de Céspedes, en la calle Calzada y el Río Almendares, en el Barrio del Vedado en La Habana, un elegante Restaurant con el nombre de **1830**.

Un joven cubano que dejó La Habana terminando el Siglo XX me preguntó un día el significado de esa fecha, para que el Restaurant sólo tuviese por nombre "1830".

No lo sabía, ni aún lo sé, por lo que me di a la tarea de encontrar la razón para el nombrecito. Lo primero que hallé me complicó aún más la tarea, pero aumentó el reto.

Un libreto de Aurelio Riancho y Antonio Castel que dio base a la zarzuela de Ernesto Lecuona y Eliseo Grenet con el nombre "*La Niña Rita o La Habana de 1830*" no aporta nada, y la pieza inolvidable de esa zarzuela es "*Mamá Inés*" que destaca la vida habanera en cualquier año de la época colonial.

El exilio cubano de ese año tampoco destaca la fecha. En Filadelfia el gran cubano José Antonio Saco publicaba el periódico denominado El Mensagero Semanal (ortografía de la época) en el que escribió el Padre Félix Varela algunos artículos, que el Señor Bachiller y Morales en su obra Apuntes, Tomo 3 cataloga como carentes de trascendencia.

Sabiendo que en nuestra historia patria ese año no es destacado, recurrimos a nuestras relaciones con España. El Gobernador de Cuba lo era el Teniente General de los Reales Ejércitos Francisco Dionisio Vives y Blanes, quien ostentaba el cargo desde 1823. El Obispo lo era Juan de Dios Díaz de Espada –Espada–, el Intendente de Hacienda lo era el criollo Martínez de Pinillos y el Rey de España lo era Fernando VII que aunque campeón del absolutismo había perdido su fuerza y se mantenía dependiendo del sostén de Inglaterra. Con estas condiciones el 1830 era un año más, sin nada de importancia.

Al ser los precios altos, yo no era usuario regular del Restaurant y cuando por mi trabajo o alguna ocasión especial visitaba un restaurant en esa área del Vedado, no tenía duda en preferir *Las Culebrinas*, en la propia calle Calzada, por lo que recurrí a quien por su posición social y edad podría haber sido visitante de este hermoso Restaurant.

Sin pérdida de tiempo me dijo recordar que en el salón comedor había una foto del legendario Hotel Inglaterra frente al Parque Central. Creí tener la respuesta, pero no, el Hotel Inglaterra se construyó en 1856.

No me diga nadie que es por el **Torreón de la Chorrera**, porque éste data de 1643, ¿De dónde salió el nombre de este Restaurant?

**Restaurante "1830" ubicado en la que fuera residencia de Carlos Miguel de Céspedes**

# Pogolotti

La muy popular y populosa barriada de Pogolotti, habitada en una gran mayoría por cubanos descendientes de africanos, tiene un origen poco conocido.

A mediados del año 1900, hizo su aparición en Marianao, donde las autoridades norteamericanas habían instalado el cuartel general de los Departamentos Militares de La Habana y Pinar del Río, aprovechando las facilidades de la Quinta Durañona, una grave epidemia de fiebre amarilla. La Comisión Médica Norteamericana presidida por el Doctor Walter Reed fracasó por no seguir la tesis planteada por el Doctor Finlay.

El Doctor Walter Reed embarcó rumbo a Washington, quedando el Doctor Josse William Lazzear quien confiando en la tesis del sabio cubano llevó a cabo las investigaciones en un Centro de Experimentación instalado en el Campamento de Columbia. El Doctor Lazzear inoculaba los mosquitos en el *"Hospital Las Ánimas"*, y con ellos inoculó a un compañero médico, a un soldado y a él mismo. El Doctor Carroll, el soldado Dean y el propio Doctor Lazzear desarrollaron la enfermedad, muriendo el Doctor Lazzear de la misma.

Con un crédito obtenido, se construyó un nuevo campamento de experimentación con siete tiendas en la finca San José, próxima al Campamento de Columbia. Fue en este centro de experimentación donde se demostró científicamente y más allá de toda duda, que la tesis del sabio Doctor Carlos J. Finlay era la correcta. En la finca San José, actualmente Reparto Pogolotti, el 3 de diciembre de 1947, la única caseta de aquel campo de investigación que sobrevivió el paso de los años fue declarada *Monumento Nacional*.

**Estado actual de una de las casetas usadas por Finlay en Pogolotti**

**Muro con medallones de bronce con los nombres de los que ayudaron a Finlay en sus investigaciones en Pogolotti**

El Representante a la Cámara Luis Valdés Carrero, oriundo de Las Villas, tabaquero, veterano de la Guerra de 1895 y vecino de Marianao, donde falleció en 1950, presentó un Proyecto de Ley por el que autorizaba al Ejecutivo Nacional para disponer de un crédito con destino a la fabricación de mil casas para obreros en el Municipio de La Habana.

En el Articulado se aclaraba que las casas serían entregadas a padres de familia mediante sorteo y que los aspirantes podrían ser cubanos o naturalizados y no tener otros recursos económicos que los que les brindara su trabajo manual. Sobre el lugar donde las casas serían fabricadas se especificaba en la Ley que debía ser de fácil y breve comunicación con la Capital, de la cual no habría de separarlas una distancia mayor que aquella que alcance el abastecimiento de agua del Acueducto de Vento, incluyendo los límites de los Municipio de Guanabacoa y Marianao con La Habana.

La ley fue sancionada el 18 de julio de 1910. La Ley había sido modificada para autorizar un crédito de $1,300.00 por casa y el número de casas a 2,000, mil para la Provincia de La Habana y las otras 1,000 a ser distribuidas en forma proporcional en las otras Provincias.

A mediados de 1899, llegó a La Habana el italo-americano Dino F. Pogolotti, oriundo de Turín, Italia. A su llegada desempeñó plaza de confianza en varias empresas comerciales y con el Gobierno Interventor. Aprovechando las grandes oportunidades económicas del inicio de la República, pronto se dedicó a la venta de terrenos adquiriendo las fincas Benítez, Larrazábal y Jesús María. Estas tres fincas fueron desarrolladas entre el 23 de diciembre de 1904 y el 19 de enero de 1906 y pasaron a formar parte del Barrio de Redención en Marianao.

Cuando fue sacada a subasta la construcción de las mil casas correspondientes a la Provincia de La Habana, Pogolotti había fundado la "Compañía Nacional Constructora" y adquirido la Finca San José colindante con el remanente de la Finca "Jesús María" de su propiedad.

Basándose en lo dispuesto por la ley que creó el *barrio obrero*, Pogolotti gestionó con éxito que las casas fuesen construidas en los terrenos de su propiedad.

El 30 de octubre de 1910 fue colocada la primera piedra del desarrollo, el 15 de enero de 1911 se efectuó el sorteo de las primeras 100 casas, que serían entregadas el 24 de febrero de 1911 a los favorecidos en el sorteo, aún cuando el 9 de enero de 1911, antes de la entrega de la primera casa el Ayuntamiento de Marianao había tomado el acuerdo de dar al nuevo barrio el nombre de *Redención*, sólo las primeras casas construidas en la Finca Benítez y Larrazábal tomarían ese nombre, porque el Barrio Obrero siempre sería llamado *"Pogolotti"*.

**Mapa de Pogolotti y barrios colindantes**

A iniciativa del Representante Valdés Carrero se aprobaron los fondos para la Escuela Pública del nuevo Barrio, la que fue inaugurada el 5 de mayo de 1912. La comunidad contaba con buenas vías de comunicación para la época, dado que el ferrocarril de La Habana a Marianao (el llamado tren de Zanja) había sido puesto en servicio el 19 de julio de 1864 y el 22 de marzo de 1884 el ramal a la Playa. El tranvía eléctrico de La Habana servía esa área de Marianao desde el 15 de noviembre de 1903.

Las dificultades para el total disfrute de las nuevas casas fueron los servicios de agua y electricidad. A mediados de 1911 el problema del suministro de agua revestía suma gravedad, por lo que el Municipio canceló contratos, aprobó otros hasta que finalmente la Compañía Nacional de Fomento Urbano, propietaria del sistema de acueducto en Marianao, fue autorizada a tomar agua cruda de la Represa de Husillo y construir tres tanques de hormigón con capacidad de un millón de galones cada uno. Los tanques fueron construidos uno en la toma de agua, otro en las Alturas de Pogolotti y el tercero en el Campamento de Columbia. Estos trabajos no fueron terminados hasta 1918, fecha en que el servicio eléctrico ya había sido corregido.

Para los obreros de la industria tabacalera, que eran los que había tenido en mente el promotor del Proyecto, la distancia de Marianao a La Habana resultó un problema que sumado al del agua y la energía eléctrica motivó que éstos no se interesaran por las casas acabadas de construir, por lo que los periódicos sorteos verificados para la entrega de las casas pasaran casi inadvertidos, hasta el último que se efectuó el 16 de marzo de 1913.

La construcción del Barrio Obrero de Pogolotti tuvo el mérito de ser el primer proyecto de su clase en Cuba, iniciado a sólo ocho años de la instalación del primer gobierno republicano. Contrario a los problemas sociales comunes en las grandes barriadas obreras, llamadas proyectos, caseríos o residenciales, éstos no existieron en Pogolotti, por ser sus moradores propietarios de sus viviendas lo que le da estabilidad; y a la labor realizada por la Iglesia Católica y sus movimientos laicales, gracias a Mons. Belarmino García Féito.

Aún cuando en Pogolotti sólo habían escuelas primarias, el que hacía ostentación de conocimientos que no tenía, se decía que era graduado de la *Universidad de Pogolotti*. Durante el Gobierno de Grau San Martín se inició la construcción de la Vía Blanca de La Habana a Matanzas y confundidos los habaneros llamaron erróneamente la nueva Avenida Agua Dulce, entre el Cerro y Santos Suárez como Vía Blanca.

Simultáneamente, en Marianao se mejoró la Calle Santa Catalina, ahora Avenida 59, para permitir un nuevo recorrido a las Rutas 21 y 43 de los Ómnibus Aliados, de manera que cruzaran el Barrio Pogolotti. Los usuarios de esas nuevas vías, ni tardos ni perezosos la llamaron *Vía Mulata*.

# Realengo 18

Desde el inicio de la colonización de Cuba por los españoles, la distribución de las tierras, tanto por los Ayuntamientos o Cabildos, fue una causa de reclamaciones y pleitos legales dado que los predios eran entregados en forma de círculos, creando tierras realengas entre círculo y círculo.

Las muy abundantes tierras de labor no eran demarcadas, lo que originó innumerables reclamaciones debido a la superposición de los límites de cada predio. Como era de esperar, según aumentaba la población y el uso de las tierras, aumentaban los pleitos.

Según disminuían las tierras disponibles, los Cabildos ponían en práctica la enfiteusis que resultaba conveniente tanto para el Cabildo como para el mediano propietario. El Cabildo podía contar con un ingreso fijo producto de la renta anual pagada por los enfiteutas o arrendatarios, al tiempo que aseguraban su permanencia en la tierra y creaban una población estable. El enfiteuta podía retener el dominio del predio por tiempo indefinido, aumentar el valor de la tierra con su explotación y lo más importante para el campesino, transmitir la heredad a sus hijos.

Por Real Decreto del 27 de octubre de 1877, se ordenó la demarcación y reparto de zonas de cultivo, pero esto fue ignorado por los ayuntamientos, principalmente en la provincia de Oriente, donde las autoridades argumentaron que las tierras que poseían serían cedidas al censo enfitéutico, aunque no se especificaba la relación jurídica con los agraciados, ni se les proveían los documentos necesarios para inscribirla en el registro de la propiedad.

Ante esta situación y teniendo en cuenta el estado social al término de la Guerra de los 10 Años, el Gobernador de Santiago de Cuba recomendó la aprobación de los repartos en propiedad. En su opinión no era justo despojar a los colonos de lo que habían confiado obtener legalmente.

El Gobernador estimó que eran gente pobre de la zona y que al verse sin tierra se entregarían al ocio y la vagancia y podrían ser utilizados por los enemigos de España para hacer renacer la lucha armada. Desde la Capitanía General se confirmaron las concesiones hechas hasta esa fecha, pero que las disposiciones de los futuros predios debían ser hechas en forma legal, cumpliendo los requisitos de deslinde e inscripción en el Registro de la Propiedad.

Esta manera de distribuir las tierras, que en el Municipio de Jiguaní superó las 27,000 hectáreas, dio origen a unas comunidades agrícolas sin orden, servicios básicos, deslindes de propiedades, ni títulos legales de la propiedad. De todas estas comunidades ninguna alcanzó la importancia y notoriedad que logró el **Realengo 18** en la región montañosa al suroeste de la Bahía de Guantánamo.

Con el crecimiento de la industria azucarera en Cuba, las compañías multinacionales adquirían grandes extensiones de terrenos agrícolas o con potencial de serlo, en toda la Isla, pero en especial en las provincias de Camagüey y Oriente.

En el mes de agosto de 1934, cuando el azúcar y la industria azucarera no valían, la Compañía Azucarera Maisí, propietaria del Central Almeida, próximo al realengo, encargó al ingeniero Félix Barrera que hiciera la mensura y deslinde de unas tierras que había adquirido años antes y que incluía el **Realengo 18**. La Compañía Azucarera Maisí se basaba en una sentencia del Tribunal Supremo de Justicia de 1932, en un pleito entre los residentes del **Realengo 18** y varias compañías agrícolas que reclamaron tener título legal de dichas tierras.

El trabajo encargado al Ing. Barrera no pudo ser realizado, porque unos 150 residentes del área, que decían ser los legítimos propietarios, obligaron a la partida a retirarse de la propiedad.

Pocos días después, otra partida de agrimensura acompañada por una escuadra del ejército, intentó reanudar los trabajos de deslinde, pero esta vez los residentes que se enfrentaron a la cuadrilla y soldados eran unos 800. Crecieron las tensiones y el flamante nuevo jefe del ejército, el Coronel Batista envió refuerzos. Aumentaron los residentes opuestos al deslinde, que según los periódicos de la época llegaron a varios miles y armados, hasta que a principios del mes de octubre los agrimensores y soldados se retiraron sin haber podido efectuar el deslinde.

Según la tradición oral, el **Realengo 18** se había formado en 1877, cuando el "pacificador" Arsenio Martínez Campo había designado al general del Ejército Libertador Guillermo Moncada para repartir las tierras del Estado en parcelas de media a una caballería a los desmovilizados. Siguiendo la tradición oral, al terminar la Guerra de Independencia en 1898, otro grupo de veteranos se unieron a los de 1877, y tan tarde como en 1920, ante la gran crisis económica un nuevo grupo de obreros agrícolas desplazados de los centrales azucareros se sumaron a los dos grandes grupos anteriores, llegando a sumar junto con los colindantes, unas cinco mil familias.

Aunque el **Realengo 18** ha estado presente en toda la vida de Cuba republicana, es muy poco lo que de él recoge la historia escrita y sorprende el que Pablo de la Torriente Brau, actuando como corresponsal del periódico habanero "Ahora" le dedicara en 1934 grandes crónicas al enfrentamiento de los residentes del Realengo con los enviados de la Azucarera Maisí y que la activista de izquierda, la norteamericana Josephine Herbst, visitara en febrero de 1935, un lugar perdido en las montañas próximas a Guantánamo para preparar un documento sobre sus investigaciones de los sucesos con el ejército y difundir sus luchas. El Documento, fechado el 24 de febrero de 1935, está firmado por el supuesto líder de los residentes, Lino Álvarez. El trabajo en idioma inglés llamado "A Passport from Realengo 18" fue publicado el 16 de julio de 1935, en "New Masses".

Si bien tanto Pablo de la Torriente Brau como Josephine Herbst están identificados como izquierdistas, con posibles intereses políticos, el Diario de la Marina publica el día 29 de noviembre de 1934, unas declaraciones de un líder de los residentes en el Realengo, manifestando que cuando los montunos se unieron a la Guerra en 1895, varios generales, entre ellos Antonio Maceo, les aseguraron que esos terrenos eran del estado y que podían permanecer allí disfrutando libremente de la tierra y de sus productos.

De la Torriente Brau en sus numerosos artículos en el periódico "Ahora" llamó a la actitud del ejército y los campesinos como "Tierra o Sangre". Afortunadamente no hubo sangre.

Aún cuando todos los gobiernos electos después de estar vigente la Constitución de 1940, hicieron realidad el deslindar y entregar títulos de propiedad a los ocupantes de numerosos realengos orientales, en el caso del **Realengo 18** no fue posible dado su extensión, miles de habitantes, antigüedad y carencia de todos los servicios básicos.

A los pocos años de haberse entregado en otros realengos las fincas deslindadas y con títulos de propiedad legalmente registrados, se pudo constatar el fracaso del proceso, porque las fincas habían pasado a manos de los más entregados y trabajadores parceleros, que les habían comprado las propiedades a los antiguos vecinos.

Algunos han querido ver un "movimiento" campesino en las protestas del Realengo 18, con películas (1961), artículos y hasta libros, cuando la propiedad privada había dejado de existir en Cuba.

Para mí la palabra "montuno" es usada para referirse a los "guajiros" en Oriente; aunque Fernando Ortiz en su "Catauro de Cubanismos" diga que "montuno es un estribillo en la música bailable".

## Cementerios en Cuba

Los *cementerios* en Cuba son un ejemplo de la manera de ser del criollo cubano. Daremos sólo cuatro tumbas y epitafios a lo largo de la Isla.

En el **Cementerio de Colón**, en La Habana está sepultado Eugenio Casimiro Rodríguez Carta, quien en los primeros años de la República cometió varios delitos y estando preso en el Castillo del Príncipe conoció a María Teresa Zayas, la hija del Presidente. Después de la boda fue Representante a la Cámara por tres términos y mandó a construir en la Capilla Familiar un nicho vertical para que lo sepultaran junto al rifle con que mató al Alcalde de Cienfuegos porque según él *"un tipo que había caído de pie en la vida, tenía también que caer parado en el infierno"*. Es el único enterramiento de pie en el Cementerio de Colón.

En el **Cementerio de Matanzas**, junto a la entrada un epitafio lee *"como te ves, me vi, como me ves te verás, reza un Padre Nuestro por mí"*.

En el **Cementerio de Camagüey** hay un pedestal de mármol blanco con el siguiente epitafio:

Aquí Dolores Rondón
Finalizó su carrera.
Ven mortal y considera
Las grandezas cuales son:
El orgullo y presunción,

La opulencia y el poder
Todo llega a fenecer
Pues sólo se inmortaliza
El mal que se economiza
Y el bien que se puede hacer.

Según las tradiciones camagüeyanas, Dolores Rondón era hija natural del catalán Vicente Rams, dueño de la Tienda "Versalles".

*Lolita* fue una niña precoz que hizo que un barbero vecino quedara prendado de ella, pero la hermosa mulata se casó con un oficial del ejército español. Años más tarde, viuda, sin belleza y pobre moría de viruelas en el Hospital de "El Carmen" atendida por el barbero, que a su muerte escribió este epitafio sobre una madera (1883) y en 1933 el alcalde Pedro García Hagrenot lo mandó grabar en mármol para mantener la leyenda.

En el **Cementerio de Bayamo**, sobre la tierra que cubre a María Luisa Milanés, hija del General Mambí Luis A. Milanés, hay una piedra con el siguiente epitafio:

> Quiero una piedra blanca y no pulida
> Sobre la tierra que mis huesos cubra,
> Sin cruz, que una muy grande arrastré en vida.
> No quiero que ninguno se descubra
> Al detenerse ante la tumba oscura
> De quien murió de angustias y amargura.
> Ni un nombre, ni una fecha, ni unas flores
> Quiero sobre la piedra, ni oraciones,
> Ni llantos, ni recuerdos; mis amores
> Que olviden, y también mis aflicciones.
> Los que en la vida vieron en voltario giro
> Mis pasos por la senda umbría...
> Silencio y paz para la tumba mía!
> Por lo menos allí ni un comentario!

María Luisa nació en Jiguaní el 15 de julio de 1893, estudió en el Colegio del Sagrado Corazón en el Cerro, La Habana y regresa a Bayamo en 1911 y puso fin a su vida en Bayamo el 9 de octubre de 1919.

**Cementerio de Colón, La Habana**
**Vista interior y pórtico**

## La Moneda en Cuba

Durante los muy largos años del Gobierno Español en Cuba, se usaron monedas de distintos orígenes, junto con las españolas, dado que cada moneda tenía el valor por el metal, mayormente oro, que contenía.

El uso de esas monedas facilitaba el contrabando, que con total conocimiento del Gobierno Español era permitido, porque le daba grandes beneficios a todos los funcionarios, desde el Gobernador hasta el más humilde inspector de aduanas.

En los últimos meses de 1898, el Presidente de Estados Unidos envió a Cuba como emisario suyo a Robert P. Porter, para que evaluara el estado de la economía en la Isla. El reporte del señor Porter destacó el caos existente debido al uso legal de la pieza francesa de 20 francos, llamada los **Luises**, la moneda española de 25 pesetas, popularmente llamados **Alfonsinos**, la otra moneda española de la época de la Reina Isabel que era identificada como **centén** y el dólar norteamericano.

Adicionalmente se usaban monedas de plata como fraccionaria y el grandemente devaluado billete del *Banco Español*, emitido durante la Guerra de Independencia para financiar los gastos oficiales sin garantía alguna.

El reporte de Porter fue entregado el 28 de diciembre de 1898, y al día siguiente el Presidente de los Estados Unidos McKinley emitió una orden, vigente a partir del 1 de enero de 1899, indicando que todos los derechos arancelarios, contribuciones e impuestos, las rentas públicas y los gastos postales, serían pagados solamente en moneda de Estados Unidos o en monedas de oro extranjeras. Esta regulación permitía continuar usando los **centenes** y **Alfonsinos** españoles y los **Luises** franceses, pero con un nuevo cambio fijado arbitrariamente por McKinley; 4.82 dólares por cada centén o Alfonsín y 3.86 dólares por los Luises, cuando el cambio había sido de 5.30 por centén y 4.35 por los Luises.

La pérdida sufrida por las monedas en uso fue aumentada cuando el 19 de agosto de 1901, el presidente de los Estados Unidos ajustó nuevamente el peso plata español de 5 pesetas en U.S. 0.60, mientras por el contrario las piezas de bronce y cobre se admitirían por su valor nominal, por lo que las llamadas "calderillas" fueron revalorizadas.

La orden presidencial del 28 de diciembre de 1898 estipulaba que los contratos en vigor en esa fecha debían sujetarse al tipo de cambio legal y convencional anterior por el que las transacciones y los préstamos habían sido escriturados, añadiendo otra dificultad a los acreedores pues en sus ingresos recibían monedas con un valor menor al que debían darle al pagar con ellas sus deudas.

Los contratos cuyos pagos se declaraban vigentes en la moneda en que hubieran sido firmados no se limitaban a la esfera comercial, sino que abarcaban también alquileres y salarios, por lo que las clases populares vieron disminuido su poder adquisitivo en el 6% en que ficticiamente se había sobrevalorado el dólar.

El temor a hacer negocios en monedas "blandas" sujetas a cambios arbitrarios, y el valor intrínsico (su valor metálico) de los Centenes, Alfonsinos y Luises hizo florecer un gran negocio de cambios en las principales plazas mercantiles de Cuba. En la ciudad de La Habana el más conocido, pero no el mayor fue José López Rodríguez, conocido como *Pote*.

Tras el colapso de los billetes del banco Español, desalojados estos de los pagos públicos desde el primero de enero de 1899 por la orden presidencial y abandonada su amortización por el Banco, la moneda de lata dominó la circulación interior, siendo usada para retribuir los salarios de la mayoría de los oficios urbanos y modestos salarios agrícolas.

Los problemas causados por la variedad de monedas y su continuo cambio de valor, dieron origen a una huelga de los trabajadores de la construcción, más conocida como la huelga de los albañiles, que a pesar de la mano dura de la intervención americana, creó un fuerte movimiento obrero del 20 de agosto al 29 de septiembre de 1899, demandando jornada laboral de ocho horas y que los pagos de los jornales se hiciesen en moneda americana.

El líder de los albañiles en huelga fue Evaristo Estenoz, el que fuese en 1912 uno de los cabecillas de la llamada "protesta armada de los dirigentes de color" que fue rápidamente terminada por el Presidente José Miguel Gómez.

Se estimó que en 1899 el 30% del dinero circulante en el país eran monedas españolas de plata. La plata española comenzaría a retirarse de Cuba en busca de mercados más propicios con valor superior, por su nominal, como era el caso de España y algunos otros países de Europa, porque regía el patrón plata. Esta fuga de monedas fraccionarias dio origen a que muchos banqueros importaran otras monedas plata como mercancía, de baja ley al tratarse de moneda fraccionaria, y por tanto de bajo costo, al tiempo que centrales azucareros y grandes comercios pusieron en uso fichas y vales, dando lugar a la llamada "huelga de la moneda" de 1907 y a la Ley Arteaga de 1909, que pondría fin a estas muy comunes prácticas.

Llama la atención el que España haya acuñado **Alfonsinos** con fechas de 1895 y 1896 para ser usados en sus posesiones de Filipinas y Puerto Rico y no los haya hecho para Cuba.

Estas condiciones y una actitud propicia en ciertas esferas de la representación política, facilitaron la dolarización de Cuba y el funcionamiento en La Habana en 1915, de unos 2,800 cambistas, según Leopoldo Cancio, que terminaron con su lucrativo negocio al ser acuñada ese año la Moneda Nacional, única con valor libratorio en toda la nación.

La moneda acuñada en 1915 y posteriores años, es de 100 centavos, igual a 1 peso. Las monedas fueron acuñadas en los Estados Unidos de América, pero manteniendo el sistema español de cinco pesetas en un peso, contrario al norteamericano de cuatro pesetas por dólar.

Las primeras acuñaciones fueron de 1, 2 y 5 centavos en níquel (copper-nickel), 10, 20, 40 centavos y 1 peso en 0.90 plata. El que las monedas de 5 y 10 centavos tuviesen la misma composición metálica y peso que las norteamericanas permitía su uso conjuntamente con estas en las pocas máquinas en esa época operadas por monedas.

Todas las monedas mostraban por una cara el Escudo Nacional, la leyenda República de Cuba y el valor en letras. Las de 1, 2 y 5 centavos mostraban en el reverso una estrella de cinco puntas, con el valor en números romanos, mientras que las de plata sólo mostraban la estrella y la frase "Patria y Libertad" que formó parte de todas las monedas cubanas hasta 1959.

Monedas de 1915

Conjuntamente se acuñaron en 1915 monedas de oro 0.90 con valor de 1, 2, 4, 5, 10 y 20 pesos todas con el Escudo Nacional, la leyenda de República de Cuba y el valor en letras y en el reverso la efigie de José Martí y la frase "Patria y Libertad". Estas monedas de oro sólo fueron acuñadas en 1915 y 1916, tanto para circulación como "Flor de Cuño" (Proof) para coleccionistas.

**Moneda de oro de 1915 por valor de 10 pesos**

Estos diseños, metales y valores se mantuvieron hasta 1959, con las siguientes excepciones: de 1934 a 1939 se acuñaron 60 millones de pesos, plata 0.90, con un peso de 0.7735 onzas cada uno y un nuevo diseño en ambos lados. Estos pesos no se acuñaron para su circulación sino para mantenerlos como garantía de las emisiones de papel moneda. Dado el cambio de diseño y el ser Joaquín Martínez Sáenz el Secretario del Gobierno, son conocidos como los pesos del **ABC**.

En 1943, debido al alto precio del níquel por la Segunda Guerra Mundial, fueron acuñados en cobre 20 millones de centavos y 6 millones de 5 centavos.

El 1952 se acuñaron monedas, con un diseño conmemorativo del Cincuentenario de la República y valores de 10, 20 y 40 centavos.

Por último en 1953 se acuñaron monedas, con un diseño conmemorativo del centenario del nacimiento de José Martí y valores de 1, 25 y 50 centavos y un peso.

**Edición conmemorativa del centenario de Martí**

Las dos emisiones conmemorativas mantuvieron el mismo metal, diámetro y pesos que las de 1915, habiendo sido ajustado el diámetro y peso sólo en las monedas de 25 y 50 centavos de 1953.

El gran número de monedas norteamericanas que circulaban junto a las cubanas, no se debía solamente a que tuviesen el mismo valor y el intercambio de turistas y viajeros, sino al hecho que cada año al inicio de la zafra azucarera, las sucursales bancarias próximas a los Centrales reclamaban gran cantidad de moneda fraccionaria, que al no poder ser suministrada por el gobierno era importada por los Bancos Privados, con el sólo costo del flete.

Una nota costumbrista; el centavo cubano era de níquel y mantenía su color, el norteamericano al ser de cobre se oscurecía, por lo que era un "kilo" prieto, propenso a ritos brujos. Si usted nunca recibió una moneda de dos centavos, se debe a que sólo fue acuñada en 1915 y 1916.

# Fusilamiento de los Estudiantes, 1871

En memoria de los estudiantes de medicina, fusilados por el gobierno Español de la Isla de Cuba, el 27 de noviembre de 1871, existen tres lugares de especial memoria, la *pared contra la que fueron fusilados, una placa en la Acera del Louvre (frente al Parque Central de La Habana) y el Mausoleo del Cementerio de Colón.* Hablaremos de los dos últimos lugares:

**Nicolás Estévanez, 1838-1914**

En esta Acera del Louvre, el 27 de noviembre de 1871, siendo Capitán del Ejército Español, dio ejemplo excepcional de dignidad, valor y civismo, al protestar públicamente contra el fusilamiento de los ocho inocentes estudiantes cubanos inmolados aquel día por los voluntarios españoles de La Habana. Abandonó la Isla, renunció a su carrera; se negó a reingresar en la milicia, fue en tiempos de la primera república española, diputado y ministro de la guerra; y jamás se arrepintió de aquella su nobilísima actitud, pues para él "antes que la Patria están la Humanidad y la Justicia". Cubanos y españoles ofrendan a la memoria del esclarecido repúblico, hijo de las Islas Canarias, este homenaje, en testimonio de respeto y admiración, a 27 de noviembre de 1937.

La Placa continúa en su sitio original.

El hermoso mausoleo a los estudiantes de medicina fusilados el 27 de noviembre de 1871, fue construido por suscripción popular entre 1887 y 1890, diseñado por el escultor cubano José Vilalta de Saavedra y ejecutado por éste en Carrara, Italia. En el Mausoleo descansan los restos de los ocho estudiantes fusilados, más los de su defensor, Federico Capdevila Miñano, el profesor de disección, el canario Domingo Fernández Cubas y el compañero Fermín Valdés Domínguez, el reinvindicador de estas víctimas de los bárbaros voluntarios de La Habana.

Desde 1890 los actos de conmemoración comenzaron con una misa en la Capilla del Cementerio de Colón y la visita al Mausoleo. El 27 de noviembre de 1959, la misa fue en la Escalinata de la Universidad de La Habana oficiada por el R.P. Guillermo Sardiñas, vistiendo sotana verde olivo. Fue la última misa incluida en los actos oficiales de recordación.

En 1958 tuvo efecto la cesión a la Universidad de La Habana del terreno y mausoleo por sus legítimos poseedores, los descendientes del Dr. Miguel Franca Mazorra y su esposa Cecilia Álvarez de la Campa y Gamba.

**Los ocho estudiantes en el momento del fusilamiento**

**Capitán español Federico Capdevila Miñano defensor de los estudiantes**

# Magnicidios en la Historia de Cuba

El título de este trabajo llamará la atención de muchas personas, debido a que en la historia de Cuba no ha habido un jefe de estado asesinado, aún cuando sí alcaldes y legisladores. Sin embargo, la lucha por la libertad de Cuba sí ha sido la causa de tres magnicidios, que trataremos de comentar en la brevedad que este trabajo nos obliga.

Curiosamente en los cien años transcurridos entre el primero, diciembre 27 de 1870 y el último el 22 de noviembre de 1963, sólo ha sido totalmente esclarecido el segundo, ocurrido el 8 de agosto de 1897, cuando el anarquista italiano Michelle Angiolillo mató de tres disparos de revólver hechos a poca distancia al Presidente del Consejo de Ministros de España, Antonio Cánovas del Castillo.

Cánovas del Castillo era sostén de la "hiena" que cometía el mayor genocidio en Cuba, Valeriano Weyler, por lo que cuando Angiolillo visitó al Dr. Ramón E. Betances, puertorriqueño delegado de la revolución cubana en París, pidiéndole ayuda económica para viajar a España bajo el nombre de Rinaldi y la profesión de periodista, éste no dudó en entregarle 500 francos, sabedor de que el mando de Weyler en Cuba terminaría con la muerte de Cánovas, y así fue.

Antonio Cánovas del Castillo

El primer caso fue el asesinato del General Juan Prim y Prats, Conde de Reus y Presidente del Consejo de Ministros de España. El nombre de bautizo es Antón Joan Pau María Prim y Prats y nació el 6 de diciembre de 1814 en el seno de una familia media, su padre era Capitán del Regimiento del Príncipe.

**General Juan Prim y Prats, Conde de Reus**

Su carrera militar fue muy rápida, incluyendo asignaciones en ultramar. Su prestigio militar favoreció su trabajo conspirativo hasta llegar a la Revolución de septiembre de 1868, "La Gloriosa", que forzó la salida de la Reina a Francia.

Aún cuando la Historia de Cuba no recoge mucha información sobre la participación de Cuba en este magnicidio, el sumario de la justicia española alcanza la suma de 18,000 folios acumulados en diez años de trabajos y los archivos del Congreso de los Diputados, General Militar, Secc. Ultramar, Servicio Histórico Militar y Biblioteca Nacional de España y los más de cien libros escritos sobre la muerte del General Prim en la Calle del Turco de Madrid, no han podido ni querido esclarecer esta muerte aunque mucho han opinado que el gatillo de los *"trabucos"* fueron apretados en Cuba y la razón para ello es la traición de Prim a los cubanos según veremos.

La Revolución de septiembre de 1868 conocida como *"La Gloriosa"* tuvo mucho eco en Cuba, desde donde se apoyaba a Prim para que triunfase la insurrección contra la dinastía. Según los documentos españoles, representantes de Prim y de Carlos Manuel de Céspedes, celebraron varias reuniones y que la más transcendental fue la del *Hotel Madama Adela* el 27 de febrero de 1868, estando presentes Francisco Alarcón, Rogelio Osorio y Mariano Salazar.

En esa reunión se llegó a un acuerdo con las siguientes bases:

1. Al estallar en la Península la revolución que se prepara para derribar la dinastía borbónica, en Cuba, secundando el movimiento, se levantará en armas, no contra España, sino contra el régimen encarnado en Isabel II, con el principal objeto de que el Gobierno no disponga de la guarnición de la Isla.

2. Cuba formará en sus distintas regiones juntas revolucionarias que alzarán el espíritu público, acatando y cumpliendo las disposiciones provenientes de la Junta Central Revolucionaria Española, en cuanto no mengüen los intereses morales y materiales de la Grande Antilla.

3. Los gritos de rebelión en la isla, si otra cosa no dispone la Junta Central, serán "¡Viva Prim!", "¡Viva Cuba Libre!".

4. Una vez logrado el triunfo, España otorgará a Cuba una autonomía idéntica a la concedida por Inglaterra al Canadá o admitirá a la isla como un Estado Federal, si así conviene a la metrópoli y a la colonia.

Como puede observarse, se firman dos posibles soluciones. La primera, una independencia condicionada y, la segunda, un estado federal. Curiosamente, tras el triunfo de *La Gloriosa*, Prim hace caso omiso del acuerdo firmado.

Respecto de la sublevación de Topete en Cádiz, se afirmaba que se sostenían íntimas relaciones con los separatistas de La

Habana, dicho está que aquella correspondencia se tenía con las logias de La Habana, focos principales del odio contra España y de los conatos de adhesión a los Estados Unidos. Se pensaba que en caso de derrota se podrían retirar a Cuba y desde allí proclamar la independencia. Se dijo públicamente que no sólo del dinero de Montpensier y de Dulce se hizo la revolución, sino que también intervinieron los separatistas de la isla de Cuba.

Prim siempre negó esos tratos, pero los separatistas cubanos ya le habían adelantado dinero para la sublevación. Es curioso que las primeras noticias de ser condenado a muerte procedieran de las logias de la isla.

Debido al arrepentimiento del hermano Washington (nombre que el General Prim tenía en la Logia), los separatistas comienzan a negociar con los republicanos.

Ya tenían motivos para matarle; había sido traidor a los traidores, les había robado tanto económica como políticamente y esto lo había hecho un hermano. Además se opuso a la república y trajo la dinastía Saboya, con lo que el poderío militar y estratégico de España crecía.

Si tomamos en cuenta que Céspedes era el Venerable Maestro de la Logia de Manzanillo y que había estudiado la carrera de Derecho en España, es posible pensar que la orden de detención dictada contra él, el 7 de octubre de 1868, haya sido el primer acto de la traición de Prim.

Ocho días antes del asesinato de Prim, Pí y Margall, uno de los pocos españoles que comprendieron la necesidad de humanizar las relaciones con Cuba, se refirió a Prim con estas palabras:

"En política, señores, hay especie de pudor que obliga a los hombres a sacrificar hasta sus propios intereses a las ideas que sustentan, y que los hace inaccesibles a toda clase de promesas; pero, ¡ay del día en que se pierde el pudor!, pues entonces sucede al hombre lo que a la mujer cuando pierde el suyo. Y no lo dude S.S., pues a su lado tiene al señor Presidente del Consejo de Ministros, que habiendo perdido el pudor político en edad temprana es la inconsecuencia andando. ¿No lo habéis visto combatir a Espartero, después a Narváez y luego aceptar de él la Capitanía General de

Puerto Rico: sostener a O'Donnell y luego combatirle; jurar fidelidad a doña Isabel y luego sublevarse al frente de unos escuadrones? ¿Y quién sabe lo que todavía estará reservado a S.S. después de lo que hasta ahora ha hecho?".

Como el traidor sigue siéndolo hasta su muerte, Prim, desde el triunfo de *La Gloriosa* estuvo preocupado por Cuba por lo que el 4 de enero de 1869, el General Domingo Dulce y Garay, bien visto por los cubanos y odiado por los "Voluntarios" fue nombrado por él para Capitán General y Gobernador de Cuba y ante la protesta de los "Voluntarios", sólo cinco meses después lo sustituye por el Mariscal de Campo Antonio Caballero Fernández de Rodas a quien le escribe la siguiente carta que está en la Colección Caballero de Rodas de la Real Academia de la Historia de España:

"Presidencia del Consejo de Ministros.
Particular.
Excmo. Sr. D. Antonio Caballero de Rodas.
Habana.
Madrid 13 Junio de 1870

Mi querido Grál. y amigo: en su grata del 13 de Mayo veo el buen estado que están las operaciones de esa Isla y el ánimo decaído de los insurrectos merced a las contínuas palizas que V. les dá.

Su estancia en Pto. Príncipe ha sido de buen efecto y así lo esperaba yo.

Confío como V. en que muy pronto quedará esa insurrección reducida a las pequeñas partidas con que acaban todas las guerras civiles.

Los diarios le impondrán a V. de lo ocurrido en la política estos días y el discurso que a este efecto tuve que hacer gustó y satisfizo a Arios y Troyanos.

Pasamos pues a la tercera legislatura y Dios quiera que sean mas felices mis gestiones para encontrar Rey.

Deseo a V. buena salud, repitiéndome suyo affmo. amigo SS. QBSM

J. Prim
Saludo a mi G. y amigo".

Como que las "palizas" de Caballero de Rodas no eran suficientes, pocos días antes de su muerte, el 26 de noviembre de 1870, Prim nombró Capitán General y Gobernador de Cuba a Blas Villate y de la Hera, vizcaíno que ostentaba el título de Conde de Valmaseda.

Aún cuando Prim no vivió para verlo, bajo el gobierno de Valmaseda fue fusilado el enfermo y anciano Perucho Figueredo, asesinado por las tropas a su mando, el joven de 23 años Oscar de Céspedes y Quesada, hijo del "Padre de la Patria" Carlos Manuel de Céspedes y fusilados en La Habana ocho inocentes estudiantes de medicina.

El último caso, que por los intereses creados, temores, poco tiempo de ocurrido y tantas otras razones no ha sido aclarado, aún cuando muy pocos tienen dudas de que el gatillo fue apretado en La Habana, es el del Presidente de los Estados Unidos de América: John F. Kennedy.

**John F. Kennedy y Nikita Khrushchev**

## La Charada

Un buen amigo, de esos que leen las notas de cubanía que escribo para que no se pierdan los hechos de nuestra vida, que por cotidianos no recogerán los historiadores formales, me retó la memoria pidiéndome que escribiera sobre "*La Charada Cubana*".

Según el diccionario de la **"real"**, charada es una palabra tomada del francés y significa acertijo en que se trata de adivinar una palabra, haciendo una indicación sobre su significado y el de las palabras que resultan tomando una o varias sílabas de aquella.

Los todos malos, unos peores que otros, Gobernadores Generales designados por el Gobierno Español para que al tiempo que se enriquecían, dirigieran y administraran la sometida Isla de Cuba, dispensaron al pueblo lo que estimaron erróneamente que lo mantendría tranquilo: **Baile, Botella y Baraja.**

A mediados del Siglo XIX la necesidad de mano de obra para la industria azucarera, no sólo de "bozales" como eran identificados los negros puros procedentes de África, sino otro "esclavo" algo más educado para la operación de las máquinas de vapor, que cada día se hacían más populares en los molinos azucareros, llevaron a la importación de chinos.

Los primeros chinos fueron llamados "chinos de Manila" porque procedían de las Islas Filipinas, entonces colonias de España, donde habían aprendido algo del idioma, lo que facilitaba su entrenamiento en la operación de las máquinas de vapor.

Los chinos habían sido engañados con unos contratos en un idioma que no comprendían y que en lugar de llegar a Cuba como "colonos", según le habían prometido, eran en realidad esclavos. Los chinos no aceptaron la esclavitud, ni podían soportar el fuerte trabajo de los ingenios, llegando muchos al suicidio.

Ante esa fuerte posición de la incipiente colonia china en Cuba, los dueños de ingenios cancelaron los contratos, dejándolos libres y en la mayor pobreza. Unos se establecieron en pequeñas parcelas, dentro de las abundantes tierras realengas, otros se trasladaron a los alrededores de pueblos y ciudades, realizando humildes trabajos, nunca viviendo de la caridad pública.

La rápida instalación de los chinos en pequeñas parcelas de terrenos rurales, que les producían lo necesario para vivir, puede ser verificada en la obra de José Miró Argenter "Crónicas de la Guerra".

Estos hechos dieron origen a dos frases que llegaron a Cuba Republicana: Chino de Manila y te engañaron como a un chino (por tonto).

Los chinos, amantes del juego como ningún otro pueblo, encontraron entre los cubanos un ambiente previamente preparado por el mal gobierno español, y crearon la "charada" con treinta y seis números, cada uno con un significado de la vida diaria de esa época, a saber:

1. caballo - cabeza
2. mariposa
3. marinero - niño chiquito
4. gato - Santa Bárbara
5. monja
6. jicotea
7. caracol - culo
8. muerto
9. elefante - lengua
10. pescado grande
11. gallo
12. ramera
13. pavo real
14. cementerio
15. niña bonita
16. toro
17. luna - San Lázaro
18. pescado chiquito
19. lombriz
20. tibor - gato fino
21. majá - dinero
22. sapo
23. vapor
24. paloma - las Mercedes
25. piedra fina
26. anguila
27. avispa
28. chivo
29. ratón
30. camarón
31. venado
32. cochino
33. tiñosa
34. mono
35. araña
36. cachimba

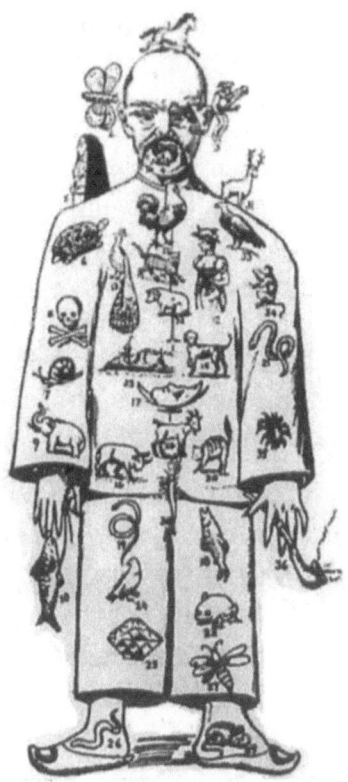

**El chino de la charada**

La charada se jugaba en cualquier sitio en que se encontraran de cuatro a ocho personas reunidas, esperando entrar al trabajo, esperando transporte, tomando café o hasta en las afueras de un velorio.

El "tirador" llegaba con un papelito doblado entre sus dedos, donde previamente había escrito un número, y decía: ¡aquí lo tengo! Y recitaba su acertijo, al tiempo que limitaba los números en juego, según el número de jugadores. Por ejemplo: con un grupo de seis decía del 4 al 11, animal que camina por el tejado.

Los jugadores apostaban, generalmente cinco centavos y los que acertaran, recibían cuatro veces lo apostado. El éxito del "tirador" era tener facilidad para crear y recitar el acertijo y saber seleccionar los números, porque en el ejemplo dado del 4 al 11 están: el gato, el caracol y el gallo.

Este juego siempre fue ilegal, por lo que el grupo se diluía y el tirador desaparecía tan rápidamente como le era posible.

Con la aprobación de los sorteos de lotería, primero semanal y después diarios, y la llegada del radio, la *charada* pasó a segundo término y surgió la "bola", que manteniendo los significados de la charada para los primeros 36 números, le agregó significados a los números del 37 al 100.

Otro cambio de la "bola" fue incorporar a los viejos significados de la charada, las festividades del santoral católico: 4-Santa Bárbara, 17-San Lázaro, 24-Las Mercedes.

La razón para que los números tuviesen un significado, era promover el juego con los sucesos diarios y con los sueños.

Todos estos juegos estaban oficialmente prohibidos, por lo que enriquecían a los funcionarios del gobierno y a la policía.

## La Bolita

Cuando terminé de escribir la crónica sobre el en un tiempo muy popular juego ilícito de La Charada, un compatriota tan viejo como yo, o como diría un español de mi misma "quinta", pero de esos que nunca comieron en una fonda, usaron tranvía o guagua, jugaron dominó o billar y mucho menos comieron una frita o tomaron un helado de fruta en el puesto del chino, me preguntó por qué me había quedado en el 36 y no había llegado al número 100.

Tras hacerle leer nuevamente la crónica, para que se diera cuenta que el coime, o sea, el que hacía el verso y tomaba las apuestas, se tenía que mover continuamente y los grupos donde cantaba su verso y hacían las apuestas, por creer que habían descubierto el "bicho" cantado, no inducidos por sus sueños o sucesos de la vida diaria.

La bolita, según la historia hablada se inició en el muy popular barrio habanero de Luyanó y su padre fue José Manuel Castillo, con un sistema muy primitivo al usar en lugar de un bombo un saco, donde se depositaban las bolas numeradas antes de coser el saco.

El saco era tirado a un jugador que atrapaba una de las bolitas y por un pequeño corte en el lugar donde estaba la bolita atrapada, la tomaba y anunciaba el número al tiempo que le tiraba el saquito a otro jugador que repetía la operación y le pasaba el saquito al tercero, con lo que tenían la centena. Como el juego era del 1 al 100, la primera bolita era descartada de no ser los número 1 ó 0.

Esta modalidad "casi pública" contaba con apuntadores que recibían las apuestas y las pasaban a Castillo. Como las posibilidades de premio eran mucho menores al ser las posibilidades 1 en 100, mientras la charada nunca pasaba de 1 a 15 o 20, el premio era mayor, pagando $1.25 por una apuesta de $0.05.

La bolita se fue haciendo más popular y el saquito fue abandonado y se llegaron a usar los resultados del frontón, que era legal desde que el primer interventor norteamericano había autorizado las apuestas en el juego, o las recaudaciones de la Aduana, que también eran publicadas diariamente en los periódicos.

Contrario a la charada, que el coime era el único responsable, las grandes cantidades jugadas en la bolita y los cientos de "apuntadores" que tomaban las apuestas en cada barrio, los "banqueros" fueron necesarios. De los muchos "banqueros" de bolita José Manuel Castillo fue siempre el modelo a seguir, llegando a ser un personaje en los paseos de carnaval, donde desfilaba por el Paseo del Prado vestido de dril blanco, con sombrero de jipijapa y sobre un hermoso caballo blanco.

Como era de esperar, a Castillo le surgieron grandes competidores; Campanario, López, que controló todas las apuestas en Marianao, Martín Fox Zamora (Tropicana), y hasta un uruguayo, Amletto Battisti, que había fundado el Banco de Cuba, S.P., para emitir los Boletos de Beneficencia, usando las facilidades de la Renta de la Lotería para sus sorteos diarios, al tiempo que era el "banquero" de las grandes apuestas en la bolita.

Los números del 37 al 100 recibieron un significado similar a los de la charada, a saber:

| | |
|---|---|
| 37 bruja - gallina prieta | 38 dinero - macao |
| 39 conejo - culebra | 40 cura - sangre |
| 41 lagarto | 42 país lejano - pato |
| 43 alacrán | 44 año del cuero |
| 45 presidente - tiburón | 46 guagua - humo |
| 47 pájaro | 48 abanico - cucaracha |
| 49 borracho | 50 policía |
| 51 guardia rural - soldado | 52 bicicleta |
| 53 luz eléctrica | 54 flores |
| 55 cangrejo - murciélago | 56 merengue - reina |
| 57 cama - telegrama | 58 adulterio - cuchillo - retrato |
| 59 loco | 60 huevo - payaso |
| 61 caballo grande | 62 matrimonio |

| | |
|---|---|
| 63 asesino | 64 militar |
| 65 comida | 66 pareja de yeguas- tarro |
| 67 puñalada | 68 cementerio - sarcófago |
| 69 pozo | 70 coco |
| 71 río | 72 buey - collar - jicotea |
| 73 maleta | 74 papalote |
| 75 corbata - guitarra | 76 bailarina |
| 77 muletas de San Lázaro | 78 espejuelos |
| 79 tren de carga | 80 desesperado - médico viejo |
| 81 teatro | 82 león - madre |
| 83 tragedia | 84 banquero - sangre |
| 85 espejo - reloj | 86 manguera - tijeras |
| 87 plátano | 88 muerto grande - gusano |
| 89 casa vieja - mucha agua | 90 viejo |
| 91 alpargata - comunista | 92 avión - globo - puerco grande |
| 93 sortija | 94 machete |
| 95 guerra | 96 zapato |
| 97 grillo - mosquito | 98 piano |
| 99 carbonero - gallo - serrucho | 100 automóvil - inodoro |

La bolita creció a su máximo esplendor durante los gobiernos de Fulgencia Batista y no sólo por crear la llamada Lotería de Beneficencia con sorteos diarios, que en adición a enriquecer a muchos funcionarios hizo famoso a Matías Vega Aguilera, el locutor que anunciaba los tres números premiados y que antes de anunciar el tercero decía: "el último chance de la noche".

Al ser difundidos por la radio los números premiados en las loterías oficiales, aumentó la confianza de los jugadores de bolita y surgieron otras modalidades; el número fijo (el primero), el corrido (cualquiera de los tres) y la centena, con los tres últimos dígitos del primer premio.

Las grandes cantidades de dinero que movía el juego "clandestino" de la bolita, que en su desarrollo se tragó a la "charada", fue de tal magnitud que los tomadores de apuestas o apuntadores, que eran tipos "buscavida" y populares en el barrio, fueron retados por las "vidrieras" de gallegos (gentilicio para todos los españoles en Cuba) que eran propietarios y en adición a vender tabacos, cigarros, billetes de la lotería y quincallería en general, también tomaban apuestas para la bolita.

Lo peor del juego de la bolita fue que interesó a políticos y policías inmorales que se repartían las zonas, cobrándole a los apuntadores por darle protección, lo que ocasionó varios enfrentamientos sangrientos.

Durante los primeros años de la década de 1940, la puritana prensa norteamericana pintó a La Habana como un garito por los casinos y lotería diaria que se transmitía por radio. Como Cuba siempre fue un país adelantado a su tiempo, los Estados Unidos demoraron unos años en tener en todo su territorio grandes casinos y transmitir las muchas loterías por televisión.

## La Habana

Como toda gran ciudad, La Habana tenía personajes y costumbres que la definían y describían tan bien como los grandes edificios y hermosas fuentes.

Los cuarenta años fuera de nuestra amada ciudad ha hecho que la memoria sólo recuerde a dos personajes, enfermos mentales, que caminaban todas las calles de las áreas comerciales, el Caballero de París y la Marquesa.

**El Caballero de París**

¿Quién no recuerda a un personaje habanero que durante los paseos de carnaval corría junto a las carrozas a lo largo del Prado haciendo sonar un silbato?

Félix Carvajal, conocido por "El Andarín Carvajal" que Cuba envió a las Olimpiadas Mundiales de 1904 en San Luis,

Missouri, compitiendo en el Maratón, donde aunque fue uno de los 14 corredores que completaron la distancia, fue descalificado porque al desconocer las reglas del maratón se sentó a descansar en medio de la carrera.

A su regreso a Cuba fue premiado con un puesto de cartero por lo que el silbato era el usado en su empleo.

En las Olimpiadas Mundiales de 1900, el esgrimista Ramón Font había ganado la Primera Medalla de Oro para Cuba y Latinoamérica. En dichas Olimpiadas sólo Cuba y Argentina ganaron una Medalla de Oro, los otros países tuvieron que esperar tiempos mejores.

Otro personaje famoso, aunque en plural, eran los chinitos vendedores de maní. La inmortal canción de Moisés Simons *El Manisero* se inspiró en estos personajes que al oscurecer llegaban al Prado con una lata de galletas modificada para incluir un pequeño depósito de carbón que mantuviese caliente el cucurucho de maní recién tostado.

Tocando una campanita, porque como chinos lo único que decían era maní "tostao", maní, llegaban hasta la Punta y el Parque de los Enamorados, donde realizaban su venta y regresaban al Barrio Chino, a unas cuantas cuadras de distancia.

Nuestra "mancha de plátano", como decimos en Puerto Rico, es española por lo que no faltaban también los vendedores de churros, tanto ambulantes como en puestos fijos. Algunos de estos últimos habían nacionalizado los churros al hacerlos de yuca.

La venta de *granizado, duro frío, cariocas, melcocha, tamales, fritas, chicharrones y otros,* quedarán para otra ocasión.

Desde luego cuando tratemos sobre las frutas llevarán un espacio especial los vendedores de mangos y el por qué en La Habana había una fruta única en el mundo... la fruta bomba.

Alejo Carpentier llamó a La Habana "**la ciudad de las columnas**". Yo la llamaría la ciudad de los sabores.

## Cuba Missouri

Es de muchos conocido que en los Estados Unidos de América hay varios poblados y pequeñas ciudades llamadas Cuba, pero la historia de **Cuba** en el estado de Missouri vale el ser contada.

**Cuba**, Mo. está situada en la U.S. 66 y la Carretera Estatal 44. Cuenta además con servicio ferroviario y un aeropuerto municipal; ahora que sabemos donde se encuentra; pasemos a la historia.

**Cuba**, fue fundada en 1857 y fue originalmente llamada "Amanda", nombre de la esposa de George Jamison, unos de los co-fundadores, que ya había nombrado así la estación de correos, pero Wesley Smith el otro co-fundador quería llamarla "**Cuba**", en honor a la Isla de Cuba. En esa fecha y lugar la Isla de Cuba había ganado simpatía en los periódicos por la labor de los anexionistas destacando el estado de la Isla bajo el Gobierno Español.

Para terminar la discusión, lanzaron un pedazo de madera al aire y al caer se cambió el nombre a Cuba. Aún cuando la historia no lo recoge, Wesley Smith debe haber llegado del vecino estado de Texas, donde fue muy activa la gestión de los anexionistas.

Los atributos de **Cuba** la distinguiría de otras pequeñas y grandes comunidades rurales. Desde los primeros tiempos se perforaron varios pozos, obteniendo muy buena y abundante agua, algo muy importante en la vida rural. **Cuba** ha sido seleccionada como una de las mejores regiones de Estados Unidos por su calidad de agua y aire.

Dentro de las atracciones, **Cuba** cuenta con una Feria Anual desde 1902, rodeo y carreras de caballo y un campo de golf de nueve hoyos. Tiene un Country Club, teatro y "Drive In" cine, bolera y en los alrededores facilidades para caza y pesca.

Cuenta con veintidós lugares para comer, incluyendo las grandes cadenas de comidas rápidas, cinco hoteles, entre ellos Best Western y Holiday Inn. En cuanto a iglesias están la Bautista, La Iglesia de Cristo, Metodista, Presbiteriana, Pentecostal, Luterana y la Católica Holy Cross Catholic Church que cuenta con una escuela elemental. La instrucción pública cubre desde la elemental hasta "High School".

Es sorprendente la cantidad de organizaciones activas en **Cuba**, Missouri; por lo que sólo mencionaremos algunas: Cruz Roja, Caballeros de Colón, Leones, Masones, Legionarios, Club 4-H, Scouts, etc.

Llama la atención de los cubanos de verdad, los de la "tierra más hermosa que ojos humanos han visto" el periódico semanal, de ocho secciones y 84 páginas, con el nombre *"CUBA FREE PRESS"* – *"DEFENDING YOUR LIBERTIES SINCE 1960"*. ¡Que casualidad de nombre y fecha!

Pero lo más sorprendente es el orgullo que tienen por su historia, incluyendo el nombre. Los hechos más relevantes han sido pintados en murales, lo que la identifica como *"La ciudad de los Murales en la Ruta 66"*.

El mural No. 1 recoge los 10 años de la Fundación del Banco local, el No. 2 el envío en barriles de las manzanas locales, el No. 3 es sin lugar a dudas el más impactante, porque muestra un antiguo carro de pasajeros del ferrocarril en que partieron los jóvenes de **Cuba** para servir como soldados en la Segunda Guerra Mundial. Los rostros de los soldados y marinos que se asoman por las ventanillas, son los de los que murieron en la guerra.

**Cuba • Route 66 Mural City (mural No. 3)**

El No. 4 es una vista de la Feria Anual, el No. 5 es dedicado al aterrizaje de Amelia Earhart en **Cuba** en 1928, en su viaje a los Angeles. Los cuatro restantes muestran antiguos edificios comerciales.

Cuba, MO • Route 66 Mural City (mural No. 5)

Llama la atención el que los Folletos de Turismo de la Cámara de Comercio y aún el Menú de los Restaurantes destaquen *"The Name was suggested Based on Common Sympathy for the Island of Cuba Which was Under the Oppressive Rule of Spain at the Time"*.

## Our History

Cuba, Missouri was incorporated as a city in 1857. The name was suggested based on common sympathy for the island of Cuba which was under the oppressive rule of Spain at the time. Farming and the timber business dominated the community for the first 100 years or so including a flourishing apple orchard business at the turn of the century.

The Crawford County

# Cuando Éramos Pobres

Estando en medio de la Investigación Diocesana sobre la vida de un candidato a la beatificación, el presidente del Tribunal le preguntó al testigo sobre su conocimiento de las virtudes del investigado y en especial su actitud hacia los pobres, la sorpresiva respuesta fue: **no sé**, yo nunca he sido pobre.

Esta declaración y los recuerdos de la felicidad que vivíamos en la Cuba pobre, trajo a mi memoria una época que deseo no olvidar, porque pobres fuimos todos, los hacendados y colonos, que perdieron sus centrales azucareros, los banqueros que cerraron sus instalaciones y los obreros que perdieron los beneficios adquiridos.

De los centrales azucareros que pasaron a manos de los bancos extranjeros, los bancos cubanos que dejaron de operar y de la Ley de Moratoria Hipotecaria aprobada para tratar de salvar al pequeño inversionista, se ha escrito mucho y están disponibles los nombres y estadísticas que muestra más allá de toda duda que en la primera mitad de la década 1930, todos fuimos económicamente **pobres**.

En cuanto al pueblo trabajador, el mejor ejemplo de cómo se apretó el cinturón para éstos, puede serlo el caso de los obreros y empleados del servicio eléctrico de La Habana, el gremio que en 1950 contaba con los mejores salarios y beneficios marginales, representados por un sindicato o unión democrática.

Las empresas de servicios públicos habían obtenido sus concesiones desde los albores de la industria. En gran parte sus tarifas máximas habían sido fijadas en el texto de las concesiones, franquicias o contratos originales.

En el período de expansión industrial ocurrido después de la Primera Guerra Mundial, la Electric Bond and Share Company se interesó por la generación y distribución de electricidad en Cuba. Primero adquirió la que existía en Santiago de Cuba y en 1926 las propiedades de electricidad y gas de la Havana Electric Railway Light and Power Company, quedando ésta sólo con el servicio de los tranvías.

La compra-venta incluía como condición que todas las personas que trabajaban en la generación, distribución y administración del sistema de electricidad y gas quedaban sin empleo y derechos adquiridos, reservándose el comprador la facultad de emplear a los antiguos empleados que deseasen y bajo las condiciones que éstos fijasen. ¡Éramos pobres!

Algunos quieren creer que Cuba y en especial La Habana, siempre fueron como la conocimos después de la Segunda Guerra Mundial. La belleza de la ciudad, la alegría del cubano, el amor al trabajo, demostrado en la fidelidad, asistencia puntual y deseo de superación, hicieron posible la recuperación desde la pobreza.

Los juegos de niños quizás sean una prueba de esa época dura, jugando con una tapita de botella, que sin el corcho y aplanada se colocaba sobre la línea del tranvía, se le hacían dos pequeños hoyos, como un botón y con un pedazo de pita teníamos un juguete sin baterías.

Las carriolas, con viejas ruedas de patines, que tenían dos versiones, de pie con un pie sobre la madera y el otro para impulsar; y la otra, sentado, aprovechando la calle que bajaba de una loma. Juego sin casco ni rodillera.

La quimbumbia, sólo dos pedazos de un palo de escoba, uno pequeño con puntas y otro mayor para batear el pequeño cuando saltaba. Solo hacían falta los dos palos y una calle sin estacionamiento.

El juego de pelota, o como le llaman en inglés **Base Ball**, tenía tantas variantes como las condiciones le imponían. El taco, corcho forrado que se bateaba con un palo de escoba y se jugaba en la calle. Las cuatro esquinas, taco que se jugaba usando como base las cuatro esquinas de una intercepción de calles. La pelota, en un *"placer"* sin marcar, con una piedra como base, guantes viejos que con *"palmacriste"* se lograban ablandar, bates de majagua que pesaban una barbaridad y la bola o pelota forrada con *"tape"* eléctrico o esparadrapo. Muchos pies descalzos y ninguno con *"spikes"*, ¡pero que peloteros salieron! y cuan feliz fue nuestra pobre niñez.

La economía familiar sufrió fuertemente esos tres quinquenios de 1930 a 1945. El que tenía un empleo se consideraba afortunado, sin importar cuan humilde y mal pagado fuese.

El comercio al detalle se ajustó a la situación económica y nació el vender cigarrillos al detalle, porque pocos podían pagar los cinco centavos de la cajetilla. La venta de cerveza embotellada por vasos, para reducir el costo a la mitad.

La necesidad creó la venta del jabón de barra, haciendo posible la compra de un pedazo según los centavos disponibles. La misma situación se hizo práctica en el dulce de guayaba (timba), el aceite, las aceitunas, pepinos y toda clase de producto que se pudiese ajustar al efectivo disponible por el comprador. Igualmente se instituyó que el detallista (bodeguero) que vendía en tan precarias condiciones, diese la "contra" de sal, como el carnicero el hueso blanco para la sopa.

En la ropa y zapatos la situación no era mejor. Recuerdo a mi madre preguntarle a una humilde vecina si sus cinco pequeños hijos estaban enfermos porque no habían salido a jugar. La respuesta fue que no, pero que estaban desnudos, porque le estaba haciendo **"la paloma"**. *La paloma* era lavar la única muda de ropa a mano y muy temprano para que el sol la secara antes del mediodía.

Los adultos no la pasaban mejor con la ropa y los zapatos y la ropa de **"apeameuno"**, los zapatos de cuero (no piel) apodados **"va que te tumbo"**, o el traje comprado en la casa de empeño, que motivaba los comentarios de **"el muerto no era de tu talla"**. Este estado de cosas dio motivo a la crónica del gran Eladio Secades ***"La Ropita Dominguera"***, que era la costumbre de reservar lo más presentable para la asistencia a la Misa Dominical.

Los periódicos que salían al medio día, como Avance y El Crisol se vendían en un centavo lo que dio espacio para un inusitado negocio. El tranvía costaba cinco centavos y daba transferencia sin costo, por lo que en los cruces con gran movimiento de pasajeros, como en Carlos III y Belascoaín, el que terminaba su viaje en esa esquina pedía una transferencia que no necesitaba y la cambiaba al vendedor por un periódico y éste la vendía a un nuevo pasajero por dos centavos.

La pobreza de esa época creó el botellero que cambiaba botellas por *pirulís* mientras tenía que empujar un carro que con cada cambio pesaba más. Igualmente un pregón que desapareció con las mejoras económicas fue el que *"se estiran bastidores"*, que era una buena solución cuando el paso de los años y el aumento de peso ponía los alambres del bastidor de la cama con anatomía de hamaca.

Las compañías multinacionales que tenía las concesiones para los servicios de teléfonos, **International Telephone & Telegraph-ITT** y la de electricidad, **La Electric Bond and Share Co.** contrataron vendedores, porque la situación económica no permitía adquirir esos servicios, los que años después no fueron capaces de cubrir la demanda... no tenemos "**pares**", no tenemos "**servicio 220**".

Fue en esa época que la bodega de la esquina que tenía un teléfono "**traganíquel**" era el medio para transmitir y recibir todo tipo de mensaje familiar, un nacimiento, una muerte o la posibilidad de un empleo.

En las oficinas de la Compañía de Electricidad se demostraban, vendían y financiaban los refrigeradores eléctricos. Como ellos representaban la General Electric, fabricantes de la marca "Frigidaire", los cubanos usamos "**Frigidaire**" como nombre genérico, usando *"me compré un Frigidaire Westinghouse"* o un *"Frigidaire Leonard"*.

El haber sido pobres nos dio fuerzas para el nuevo reto que presentó el exilio, y nuevamente triunfamos trabajando duro, como lo habíamos hecho o vimos hacerlo antes.

# A los Cincuenta Años del Moncada

Hemos llegado a esta fecha y sólo leemos la descripción de los actos de la dictadura que gobierna Cuba para conmemorar esa fecha.

**Cuartel Moncada**

Para los cubanos de mi generación, los que nacimos en los 20 años de 1925 a 1945, esta fecha reúne una gran importancia, no importa si están en Cuba o en largo exilio. Contrario a la propaganda difundida por Cuba que sólo fija la responsabilidad y el triunfo en los hermanos Castro y que la prensa en manos izquierdistas repite sin el menor análisis, la llamada revolución que mejor sería llamarla lucha contra la dictadura Batistiana, comenzó el 10 de marzo de 1952, cuando Batista violentó el sistema de gobierno elegido por el voto del pueblo.

La historia de la lucha contra Batista ha sido escrita por los que participamos de un lado y otro, por lo que no podría aportar nueva o desconocida información. El primero de enero de 1959, ganó el pueblo de Cuba y el único punto en discusión es si era el

90% o el 95% del pueblo el que aplaudía a los ganadores, o sea, a sí mismos.

Los pasos dados por los comunistas para obtener el control total del gobierno han sido también ampliamente estudiados, por lo que pasaré al resultado.

El resultado fue que la parte del pueblo que "ganó" el control del gobierno, que incluyó la vida y hacienda de todos, se quedó en Cuba para disfrutar del "triunfo" y los que perdimos tuvimos que salir sin bienes y con la responsabilidad de cuidar a nuestros mayores y educar a nuestros hijos, al tiempo que lo hacíamos por nosotros mismos.

A los cincuenta años del Moncada pasamos revista de los "ganadores". Perdieron el control sobre la formación y educación de sus hijos, tumbaron caña, fueron a todas las concentraciones a gritar paredón, las esposas hicieron guardias nocturnas y fueron a alfabetizar al campo. Tanto hombres como mujeres, todos "triunfadores", empezaron a sufrir la escasez de alimentos, ropa, calzado y entretenimientos al tiempo que perdían todos los derechos, *aún el de pensar*.

**Posta 3 del Cuartel Moncada**

Los hijos de los "triunfadores" disfrutaron de todas las calamidades de sus padres, más la escuela *al campo*, (el pudor me impide explicar las condiciones de esas escuelas), las luchas en

Angola, Granada, Nicaragua, El Salvador, Bolivia y cualquier otro país que le alquilara mercenarios a la dictadura cubana.

Los hijos que regresaron, muchos murieron en tierras extrañas, le proporcionaron nietos a esos abuelos "triunfadores". Ahora los nietos preguntan sobre el pasado de sus padres y abuelos y fijan su futuro – **salir de Cuba**.

Nosotros, los perdedores no la pasamos fácil, había alimentos, ropa, calzado y entretenimientos, pero no teníamos dinero para disfrutarlos. Con nuestro trabajo en un clima de libertad y competencia, pudimos superar esas dificultades iniciales, de manera que nuestros mayores y nuestros hijos no las sufrieran.

Al ver y disfrutar de los triunfos y éxitos de nuestros hijos y nietos debemos preguntarnos ¿al fin quién ganó?

Esta reflexión debemos hacerla dentro de la caridad cristiana y teniendo en cuenta que el pueblo de Cuba no puede ser dividido en dos grupos, los que salimos y los que se quedaron, porque muchos de los que han permanecido en Cuba lo han hecho por no tener otra opción, al igual que muchos salieron, pero han mantenido el coqueteo con la dictadura comunista e incluso hacen negocios con ella.

El gran perdedor ha sido **Cuba**, la que teníamos y la que esperamos *reconstruir* para que sea como pidió Martí en Tampa *"con todos y para todos"*, lo que con nuestro esfuerzo y la ayuda de Dios lograremos orando:

### Sergio R. San Pedro del Valle

*Con la fuerza de tu cuerpo y de tu Sangre,*
*Queremos, Señor hacer una Cuba nueva*
*Y una historia distinta sin clases divididas,*
*Ni odios duraderos,*
*Sin animosidades, ni discordias.*

*Una Cuba, donde nadie se vea explotado por nadie,*
*Donde los hombres,*
*Se sientan próximos los unos a los otros,*
*Y todos nos podamos sentar a la misma mesa,*
*En fraternidad.*

*Una Cuba en la que dé gusto vivir,*
*Trabajando juntos,*
*Con espíritu de Equipo, por el bien de todos.*

*Seguros de alcanzarlo,*
*Nos lanzamos al empeño,*
*Aún a riesgo de morir en el intento.*

*Ayúdanos, Señor, a realizar estos buenos deseos.*
*Amén.*

# Mariel

En su obra de 1946, "Pinar del Río" que el propio autor Emeterio S. Santovenia se pregunta ¿historia? ¿biografía? ¿ensayo?, porque contiene mucho de los tres géneros, éste destaca los beneficios del adelanto que disfrutara Mariel sobre las otras poblaciones de *"Filipina"*, como en 1839 era llamada lo que con el paso de los años sería Pinar del Río, al ser su puerto marítimo habilitado por Real Decreto, lo que le dio una gran ventaja toda vez que el tren no llegaría a Guanajay hasta varios años más tarde.

La notoriedad mundial de Mariel llegaría a fines del Siglo XIX, cuando el General Valeriano Weyler usara la Trocha de Mariel a Majana para dar comienzo al genocidio de *"La Reconcentración"*.

La construcción de la Trocha fue originalmente de Mariel a Guanajay, y de aquí, siguiendo la línea del ferrocarril hasta Artemisa, por estimar los españoles que el suelo cenagoso del sur era intransitable. Durante el desastroso mando de Weyler fue completada por trincheras y blocaos. Los *"blocaos"* eran del tipo diseñado por el ingeniero Arturo Amigó, construidos en La Habana por piezas, con madera de palma real, que luego eran rápidamente montadas en el lugar previsto. Tenían planta cuadrada, de cinco metros por lado, con dos pisos, puerta blindada y aspillerada y con techo de cinc a cuatro aguas, rematada por una linterna que servía de garita al centinela.

Como los mambises no contaban con artillería, los *blocaos* fueron útiles contra los disparos de rifles, hasta que la madera de palma se podría, lo que era en muy poco tiempo.

Sólo en Mariel, Guanajay y Artemisa se construyeron fuertes, tocándole al de Mariel el nombre de "El Rey", lo que hizo que el sitio fuera conocido como "Loma de la Vigía", aunque debido a la mala calidad de su construcción y los amargos recuerdos de la reconcentración, el fuerte "El Rey" despareció junto con el mando español.

La belleza de esta loma, la impresionante vista de la gran Bahía y el poblado agrupado hacia el oeste de la misma, llamó la atención de uno de los muchos aventureros que llegaron a Cuba en los comienzos del Siglo XX, el señor Horacio Rubens, quien tuvo la idea de construir sobre la Loma de la Vigía un castillo de arquitectura mudéjar, con cuatro pisos y torretas circulares.

El señor Horacio S. Rubens, que en Cuba llamaron el Dr. Rubens, era un abogado norteamericano que ayudó profesionalmente a la Delegación de la República en Armas en Washington y New York, logrando una gran identificación con Don Tomás Estrada Palma. Al inicio de la República, el primer gobierno cubano, bajo la presidencia de Estrada Palma gestionó un empréstito por treinta y cinco millones de dólares para pagar al Ejército Libertador con la Casa Speyer y Cía. de New York y éstos nombraron a Horacio S. Rubens como su abogado en Cuba. Horacio Rubens, años más tarde escribió su libro "Liberty, The Story of Cuba".

Unos cuentan que éste construyó el castillo para su uso personal, pero que al visitar frecuentemente el sitio estimó que sería mejor su uso como *Gran Casino de Juegos*. Yo que visité varias veces el castillo, soy de opinión que desde el inicio fue concebido como casa de juegos, por su patio interior con columnas y arcos moriscos, piso de granito a colores, sus grandes escaleras de mármol blanco y la escalera de más de 250 escalones, que partiendo del frente del castillo llegaba hasta el pie de la Loma del Vigía, y que solamente en mis años juveniles fui capaz de subirla y bajarla.

Algo que nunca pude saber, es si la Rosa Náutica de los Vientos, formada en el piso de granito del patio interior, fue parte de la construcción original o si fue incorporada al ser adquirido el edificio por el gobierno cubano.

Esta larga escalera, que como la de la Universidad de La Habana, se convirtió en emblema del centro docente que años más tarde se establecería en el Castillo de Rubens, por su belleza hubo de ser incluida en el número de enero de 1947 del Nacional Geographic

Magazine. La prestigiosa revista incluía una foto a color y la identificaba como ornamental y de poco uso práctico.

**Escalinata de la Academia Naval del Mariel**

La revista cayó en el mismo error que el sabio alemán Alejandro Humbolt, quien en su visita a La Habana criticó lo estrechas que eran sus calles, sin saber que estas calles estrechas protegían al caminante del fuerte sol. El periodista del Nacional Geographic llegó al castillo por la carretera que había que subir "en segunda" y no supo que esa escalera "ornamental" era usada por los empleados y estudiantes para ir y venir del pueblo.

En dos ocasiones he identificado el castillo como centro de estudios y esto es debido a que aún cuando se sabe que su construcción fue en los años 1908-1912, nunca fue ocupado como residencia y mucho menos como casino, por lo que en 1915, cuando se estableció la Academia Naval, el poco escrupuloso Presidente Mario García Menocal hizo lo

**Escuela Naval del Mariel**

mismo que su antecesor José Miguel Gómez con el Puente de Pote, o Alfredo Zayas con los desarrolladores del área ocupada por el antiguo

Convento de Santa Clara, adquirió el castillo donde funcionó la Escuela Naval Cubana hasta la llegada de los comunistas al poder. Me dicen que hoy, como todo en nuestra Cuba, está en ruinas y la Escuela Naval no funciona en el castillo.

Mariel, en adición a una hermosa y gran bahía contaba además que con la Escuela Naval con la fábrica de cemento mayor y más antigua de Cuba, cuyo gran molino de "pera" excéntrica me impresionó tanto que cincuenta años después lo recuerdo. Esta fábrica que le fue expropiada a una firma norteamericana, estuvo parada unos años, al trasladar la fabricación de cemento a Cienfuegos. Actualmente es operada por otros extranjeros bajo el nombre de Cementos Curazao, S.A.

Si bien es verdad que Mariel disfrutó la ventaja de transporte marítimo en el Siglo XIX, al llegar el Siglo XX, la República y el transporte por carreteras, Mariel quedó en desventaja al tener que llegar a la Carretera Central por la vía de Guanajay. Esta dificultad obligó a la fábrica de cemento "El Morro" a operar una barcaza con remolcador para transportar el cemento a granel hasta La Habana, donde tenían unos almacenes, oficinas y facilidades de empaque y distribución junto al pequeño muelle al fondo de la bahía.

Por la facilidad de su puerto, desde el Siglo XIX, se establecieron varios centrales azucareros en sus alrededores, por el fácil embarque de sus azúcares por este puerto. A partir de 1950 el Puerto de Mariel ganó importancia al trasladar varias compañías navieras su carga y descarga de La Habana al Mariel, lo que obligó a construir una hermosa y moderna carretera por la Costa Norte de la provincia de La Habana, uniendo a Mariel con la playa de Santa Fe.

¡Ah! Y si quería terminar la visita con energías para llegar a La Habana y tener deseos de volver, unos buenos mariscos en "Marante" o "Casa Martín", harían más que las monedas de la Fuente de Trevi por volver.

## Gallegos en el Caribe

En 1845 se establecieron por primera vez en los territorios españoles fuertes penalidades contra el tráfico de esclavos, mediante la presentación en las cortes de la Ley del 2 de marzo de ese año, por el Ministro de Estado del ultraconservador Narváez Martínez de la Rosa.

Aún cuando la Ley Contra la Trata satisfizo a los liberales cubanos, porque tanto Saco, Luz, del Monte como los demás adversarios de la trata, consideraban a éste el eje de todos los problemas económicos, sociales y políticos de Cuba; la misma no fue recibida con agrado por los grandes intereses cafetaleros y azucareros que dependían de la mano de obra.

La inestabilidad en Cuba durante los siguientes años, con los movimientos anexionistas promovidos por los Estados Sureños de Estados Unidos, sumada a la de España donde débiles ministerios se sucedían en el poder, restaban fuerza y prestigio a éstos y paralizaban también la acción de gobierno en Cuba, en cuya Capitanía General se sucedieron rápidamente como gobernadores Concha, Valentín Cañedo y Juan de la Pezuela, que sólo gobernó de diciembre de 1853 al 28 de agosto de 1854.

Durante el gobierno de la Pezuela, Feyjo Sotomayor, quien era Delegado por Galicia a las Cortes (Cuba no tenía representación en las Cortes) mantenía unos intereses azucareros en Las Villas y ante la imposibilidad de obtener los esclavos necesarios y teniendo en cuenta la difícil situación económica en Galicia, ideó reclutar un gran número de gallegos para los trabajos agrícolas de sus propiedades en Cuba.

Para esa fecha los esclavos se encontraban protegidos por regulaciones sobre máximo de horas de trabajo, alimentos mínimos diarios, etc., por lo que Feyjo Sotomayor preparó e hizo firmar a los colonos gallegos un contrato de "Colono" en el que renunciaban a los derechos que tenían los esclavos, pues ellos a pesar de no contar siquiera con lo poco que tenían los esclavos "valían más por ser españoles".

Esos incultos jóvenes gallegos, al llegar a Cuba encontraron que en lugar de colonos eran verdaderos esclavos y al poco tiempo mostraron su inconformidad.

En febrero de 1855, ante informes de una conspiración más o menos vasta, por primera vez dirigida por un peninsular, Ramón Pintó, el Gobernador Concha en su segundo término ordenó aumentar las fuerzas españolas disponibles en la Isla mediante la organización de compañías con los colonos gallegos que habían sido introducidos por Feyjo Sotomayor durante el Gobierno de Pezuela, dando fin a las condiciones en que vivían esos "Colonos".

Hasta ese momento, la población blanca de la Isla era llamada y ella misma se llamaba "Peninsular" para los nacidos en España y "Criollos" para los nacidos en Cuba. Nunca se había usado el término gallego como denominador común para los naturales de España.

Al ser conocido el contrato de trabajo que estos jóvenes gallegos habían firmado, con seguridad sin haberlo leído, se comenzó a usar tanto por Peninsulares como por Criollos como sinónimo de tonto.

Más tarde en el pasado siglo, el sistema usado por España para formar sus milicias, las llamadas "Quintas", impopulares por el sistema basado en el azar de los sorteos y por dos formas, más injustas todavía, de rehuir la prestación de ese servicio, la redención en metálico y la sustitución hizo que el número de quintos que llegaron a Cuba desde Galicia fuera muy alto, pues debido a la pobreza de la región la mayor parte de los "Sustitutos" provenían de allí.

España envió a Cuba en los 30 años de 1868 a 1897 más de cuatrocientos mil soldados. Unos murieron, otros fueron repatriados y algunos permanecieron en Cuba al terminar la guerra, la mayor parte de éstos eran "Gallegos" sustitutos.

Con los antecedentes de los "Colonos" y ahora con los "Sustitutos" el mote de gallego se comenzó a usar por los "Criollos" desde principio de este Siglo XX. La continua llegada de españoles a Cuba durante los primeros treinta años, hizo que el mote despectivo se transformara en nombre genérico para todos los peninsulares y en palabra de identificación cariñosa, con una participación relevante en el teatro vernáculo cubano.

La radio cubana, que disfrutó de sus años de gloria en la primera mitad de este siglo, difundió en los tantos programas de "El Negrito y El Gallego" el uso de este término. Muchos de esos programas fueron retransmitidos en los países de la cuenca del Caribe.

En Puerto Rico quizás el programa más recordado sea "Rincón Criollo" con José Sanabria haciendo el papel del gallego.

Un dato curioso es que ninguno de los artistas que hicieron "El Gallego" en teatro, radio y cine (Pepe del Campo, Adolfo Otero, José Sanabria, Federico Piñeiro) era español.

**Adolfo Otero**
**El más gallego de los cubanos "gallegos"**

Centro Gallego de La Habana

## La Universidad del Aire

Los programas de la Universidad del Aire, creación del Dr. Jorge Mañach, comenzaron el 13 de diciembre de 1932, por la Emisora CMBZ – Casa El Mundo-Salas propiedad de los hermanos Salas, que no cubría toda la Isla.

Para saber qué fue la Universidad del Aire nada mejor que la introductoria del Dr. Mañach:

*"El objeto de las disertaciones de la Universidad del Aire es, principalmente, despertar un interés en los temas de cultura. Por consiguiente, no aspiran a impartir conocimientos detallados o profundos, sino mas bien nociones introductorias y generales que abran una vía inicial a la curiosidad de los oyentes".*

El primer conferenciante fue el Profesor Salvador Massip y el tema: *"Como se formó el mundo"*, con lo que se dio inicio al Primer Curso: *Evolución de la Cultura*. En mayo de 1933 comenzó el Segundo Curso: *Civilización Contemporánea*, hasta el 6 de octubre de 1933, en que fue clausurada por el Dr. Mañach, debido al estado político de la nación.

En estos meses, con dos transmisiones semanales, martes y viernes de 9 a 10 de la noche, además de Mañach y Massip, fueron conferenciantes entre otros: Roberto Agramonte, Manuel Bisbé, Antonio Sánchez de Bustamante, Luis de Soto, Ernesto Dihigo, Elías Entralgo, Aurelio Boza Masdival, Emeterio S. Santovenia, Luis Baralt y Manuel F. Gran, así como Francisco Ichaso.

El 9 de enero de 1949 se inició la Segunda Época con una introducción de Jorge Mañach.

Esta vez se transmitía por CMQ a toda la Isla cada domingo de 3 a 4 de la tarde, en un amplio estudio que permitía la presencia de público, y que éste podía hacer preguntas a los conferenciantes.

La asistencia del público, mayormente estudiantes universitarios, hacía más interesantes las conferencias, pero después del 10 de marzo de 1952, se usaron políticamente, hasta el punto que una conferencia del Profesor Elías Entralgo sobre la Constitución de 1940, fue interrumpida y en medio de agresiones terminó con la entrada de la policía en el estudio No. 2 de CMQ.

En dicho año 1952, la popularidad del programa tiene un descenso debido a la falta de libertad, la llegada de la televisión y la enfermedad del Doctor Mañach, quien sufría de un cáncer que pondría fin a su vida en Puerto Rico.

**Jorge Mañach, Francisco Ichaso y Ramiro Guerra**

Mañach trató con CMQ de llevar el programa a la televisión, pero su ausencia frecuente, la sustitución como director por Francisco Ichaso, quien era identificado con Batista y la falta de libertad de expresión hizo que CMQ no aceptara televisar el programa y que éste continuara en la Radio hasta 1960, en que siendo director el Dr. Luis Aguilar León, llegó el "Comandante" y todo terminó.

## La Corte Suprema del Arte

El popular programa llamado "La Corte Suprema del Arte" nació en la habanera estación radial CMQ, propiedad de los cubanos Miguel Gabriel y Ángel Cambó al poco tiempo de haber sus propietarios mudado los estudios de la Calle 25 en el Vedado a un edificio mayor y adaptado para la estación, en Monte y Prado.

El primer programa salió al aire el 1ro. de diciembre de 1937, con la animación de José Antonio Alonso, quien era conocido como recitador y comentarista radial. Miguel Gabriel no era amante del teatro y estimó que el futuro de la radio estaba en los programas musicales y de variedades, no en las novelas y obras teatrales, pero en La Habana había muy pocas figuras líricas por lo que éstas cobraban mucho para la difícil situación de la economía cubana.

Al programa llegaban aficionados de toda Cuba, atraídos por los regalos que recibían en caso de ganar. Los aspirantes eran recibidos por José Antonio Alonso con su estilo muy personal que siempre incluyó improvisaciones y comentarios, terminando la presentación del aspirante con la frase que se hizo famosa en toda Cuba "¿A quién se la va a dedicar?" seguida de la otra famosa frase ¡música maestro!

Si el aspirante no tenía calidad, en medio de su canto le "tocaban la campana" y no era otro que "el gordo" propietario de la estación, Miguel Gabriel, que lo hacía desde la cabina, no a la vista del público.

La razón de ser de este programa, que siempre fue patrocinado con exclusividad por los cigarros "Regalías El Cuño", cuya fábrica estaba a muy pocas cuadras de la estación, era el aumentar el número de cantantes disponibles, lo que sin dudas bajaría los costos de éstos, fue alcanzado produciendo figuras como Rosita Fornés, Xiomara Fernández, Armando Bianchi, Elena Burke, Minín Bujones, Wilfredo Fernández, Elsa Valladares, Aurora Lincheta, Manolito Reyes, Olga Rivero, Elizabeth Del Río, Servando Díaz, Manolo Fernández, el otro Fernández "Valencia" y tantos otros como para hacer una guía de teléfonos.

Un aspirante que llegó cantando "Punto Cubano" y fue una de las figuras más conocidas y criticadas de la radio cubana fue Miguel Alfonso Pozo, "Clavelito" quien fue compañero de la "Calandria" y a quien el montañés Gaspar Pumarejo desde "Unión Radio" convirtió en espiritista al cantar: *Pon tu pensamiento en mí...*

**Trío Servando Díaz**

Para situaciones extraordinarias debemos hablar de la boda del animador José Antonio Alonso y Xiomara Fernández, quienes se casaron en el estudio de Monte y Prado, habiendo llevado el *Ramo de Novia* en una avioneta que aterrizó en Prado, el piloto cubano condecorado por Inglaterra por servicios durante la II Guerra Mundial, Juan Ríos Montenegro. Nada, que con la *"Operación Triunfo"*, España llegó después, como en el tren, el radio y la televisión.

**Minín Bujones**
surgió refulgente

**Xiomara Fernández**
ganó declamando

**Wilfredo Fernández**
saltó pronto a la fama

**Elsa Valladares**
¡qué cancionera!

**Matilde Camejo**
poseía gracia salerosa

**Angelita Castany**
de Cuba saltó al cine mexicano

**Adria Catalá**
sólo tenía tres años

**Normita Suárez**

**Carlos Suárez**

## Las Joyas de las Cubanas

Son muchos los cubanos que saben de la donación de sus joyas por las mujeres cubanas, a favor del General George Washington y la Guerra de Independencia de las Trece Colonias, semilla de los Estados Unidos de América, pero son pocos los que conocen las condiciones en que lo hicieron y la gran importancia del gesto.

La independencia de las trece colonias contó con la gran ayuda de Francia y España, no porque éstos simpatizaran con la idea independentista de la colonia, sino por sus históricas luchas europeas en contra de Inglaterra. España confiaba recuperar la Isla de Menorca y el Peñón de Gibraltar y Francia, aumentar su presencia en la Luisiana y el curso del Mississippi.

Lo que fue la batalla decisiva de la lucha independentista, Yorktown, se decidiría por el superior poderío marítimo de uno de los contendientes, más que por los ejércitos de tierra. Tanto Washington como Rochambeau esperaban ansiosamente la llegada de la escuadra francesa del Almirante De Grasse, por lo que habían enviado cartas a éste a las Antillas Francesas, parada forzada de la escuadra después de cruzar el Atlántico, pidiéndole apurara su llegada al teatro de operaciones, lo que dicho sea, logró al llegar antes que los ejércitos de tierra.

El 16 de junio llegó la escuadra francesa a Cabo Haitiano, donde se reforzó con tropa veterana y tomó a bordo vituallas, municiones y artillería de campo.

De Grasse se encontró con la sorpresa de que en Haití no había dinero para el pago de los salarios de los soldados y marinos que habían trabajado varios meses en Brest, Francia en la preparación de la escuadra y durante los 38 días empleados en cruzar el Atlántico.

Peor aún, en las cartas que De Grasse encontró en Cabo Haitiano había una de Rochambeau fechada en mayo en que le decía que hacían falta un millón doscientas mil libras tornesas, no sólo para el ejército francés, sino también para el de Washington. La libra tornesa era una moneda francesa de plata con un valor de poco más de un franco.

Sabiendo que sólo en Cuba podía obtener esa considerable suma, se envió al Marqués de St. Simon como comisionado para que hiciera las gestiones con el Mariscal Juan Manuel Cagigal, Capitán General de Cuba. El Marqués de St. Simon se encontró con la negativa del Gobierno Español en Cuba.

El crédito de los Estados Unidos no era bueno y había deudas por saldar, por parte del Congreso Continental y del comodoro Alexander Gillon, que databan de años atrás. Y no eran más de fiar los franceses cuando el gobierno de Luis XVI atravesaba por una difícil crisis económica y financiera. Hasta es muy de dudar que las atribuciones del gobernador colonial de La Habana llegasen al extremo de poder facilitar una suma tan considerable de los caudales públicos a una escuadra extranjera.

Fue muy efectiva en esa coyuntura la actuación del teniente coronel Francisco de Miranda, ayudante de campo del general Cagigal y nacido en Venezuela. Miranda se había hecho extraordinariamente popular en la sociedad cubana de la época por su personalidad, sus maneras y sus hazañas militares. No sólo le conocían en La Habana y Matanzas, sino también en los poblados y las haciendas intermedios. Había tenido un brillante papel en el sitio de Penzacola, hasta en las negociaciones de la rendición porque sabía el idioma inglés. Recibido en los más exclusivos salones de La Habana y Matanzas, había hecho buena amistad con las influyentes familias.

Miranda naturalmente que se enteró del fracaso de la misión de St. Simon por el cargo que tenía junto al Capitán General de Cuba. Entusiasta partidario de la Revolución Norteamericana él mismo, sabía que era una causa popular entre los cubanos amigos suyos y entre ellos indagó la disposición en que se encontraban para participar de una colecta con destino a la escuadra del almirante De Grasse y a los ejércitos del general Washington. La reacción fue en extremo favorable, especialmente entre las cubanas, quienes donaron su dinero y sus joyas e hicieron gestiones del caso con parientes y amigos para que contribuyesen a la colecta que se realizaba. En medio de la admiración general las mujeres cubanas reunieron el millón y doscientas mil libras tornesas que se necesitaban y así se le comunicó al almirante De Grasse. Nada hay de extraño en que las habaneras de la época fuesen mujeres del espíritu levantado, ilustradas y partidarias de la libertad.

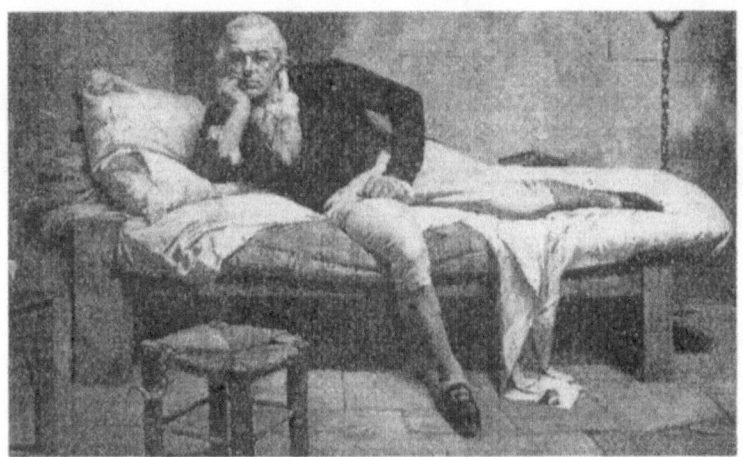

**Francisco de Miranda**

Y Stephen Bonsal, quizás sí el primer historiador norteamericano en tratar de este punto, dejó dicho que "... el millón que se le dio a St. Simon por las señoras de La Habana para pagar a las tropas, puede con verdad ser considerado como los cimientos sobre los cuales se erigió el edificio de la independencia norteamericana."

Aquel generoso donativo de las mujeres cubanas, que no sólo pagó a las tropas de Washington, sino que al cobrar los marinos franceses sus haberes, aseguró el bloqueo de Yorktown y resolvería victoriosamente la Guerra de Independencia de los Estados Unidos de América.

De este importante donativo de las mujeres cubanas, hecho sin intereses y sin condiciones no hay en Yorktown mención alguna que recuerde el aporte cubano, no así en la Loma de San Juan que la llenaron de placas recordándonos la ayuda, pero sin mencionar que fue sólo el pago de una deuda con el pueblo cubano.

Como nota al margen debemos decir que el teniente coronel Francisco de Miranda es el mismo que años más tarde fuera importante luchador por la libertad de Venezuela y que entregado a los españoles por sus compatriotas, murió en una prisión en España en 1816.

## Esculturas Habaneras

Son muchas las esculturas que adornan la ciudad de La Habana, pero ninguna más conocida y fotografiada que la erróneamente llamada "Alma Mater" que del latín corresponde a "Alma Nutricia", o sea, a la Universidad en sí.

La figura de Minerva, diosa de la sabiduría, es obra del escultor checo Mario Korbel, quien queriendo dejar en su obra la huella de una criolla cubana, escogió a una joven de 16 años, Feliciana Villalón y Wilson como modelo.

Esta joven de rasgos criollos era hija del ingeniero y coronel de Guerra de Independencia, José Ramón Villalón y Sánchez y de María Wilson Miyares.

La escultura le fue encargada por la Secretaría de Obras Públicas del Presidente Mario García Menocal en 1919. El prototipo de la escultura fue fundido en bronce en New York por la firma Roman Bronce Work y a su llegada a La Habana en 1920, se emplazó en una de las muchas áreas rústicas que había en los terrenos de la universidad.

Durante el gobierno de Gerardo Machado y Morales se construyó la monumental escalinata universitaria y la escultura fue ubicada al centro de ésta.

El cuerpo de Feliciana está cubierto por una amplia túnica que duplica el tamaño y peso de la modelo. La obra se completa con un pedestal de piedra, escoltada por seis mujeres estilo griego que representan las diversas disciplinas académicas.

-----0-----

Otra escultura, que aún cuando está situada en un lugar privilegiado, el inicio del Paseo de Martí (El Prado) y el Malecón Habanero no es tan conocida debido al gran espacio abierto, que contrario a la Minerva no fija el centro de vista en ella, es la del poeta y patricio cubano del Siglo XIX, Juan Clemente Zenea.

El monumento a Zenea le fue comisionado al escultor valenciano residente en La Habana, Ramón Mateo, el monumento lo preside la estatua sedente del poeta-patriota mirando a lo lejos, hacia la Fortaleza de la Cabaña, en la otra orilla de la Bahía Habanera, donde fue vilmente inmolado en el Foso de los Laureles.

Mateo situó a la derecha del poeta una hermosa figura de mujer desnuda. El gran parecido hizo que los habaneros de la época (1920) fijaran como la musa y modelo del escultor a la famosa tonadillera, también valenciana, Conchita Piquer.

De la primera modelo puedo dar fe, porque por lazos matrimoniales varios primos míos llevaron los apellidos San Pedro-Villalón; de Conchita, cuando la conocí no le quedaban ya rasgos de musa.

# Los Chinos en Cuba

A principios del Siglo XIX los chinos comenzaron a filtrarse en Cuba, a la que venían desde las Filipinas, por vía de España, circunstancia por la cual se les llamó *chinos manila*. Al terminarse oficialmente la trata negrera y a partir de 1847, el gobierno español introdujo en Cuba trabajadores chinos contratados por 8 años. Este tipo de importación continuó de manera intermitente hasta la conclusión de un tratado entre China y España, en octubre de 1864, que definía las condiciones de trabajo de los obreros chinos y disponía que éstos podían comprar su libertad. En el período comprendido entre 1853 y 1873 se despacharon a Cuba más de 132,000 chinos, de los que el 13% murieron en el viaje o poco después de su llegada. Los trabajadores chinos protestan de que eran atropellados por sus patronos, y los cubanos declaraban que los chinos cometían muchos delitos y no tenían el vigor de los negros.

La importación de chinos se terminó en 1873 y cinco años más tarde el gobierno español hizo un decreto por el que se exigía a todos los chinos cuyos contratos estaban vencidos, que se contratasen de nuevo o que abandonasen la Isla. En el censo de población de 1899 la población china sólo alcanzaba a 14,863, de los que únicamente 49 eran mujeres.

En 1897 habían pequeños agricultores independientes chinos, que según el diario de José Miró Argenter "Crónicas de la Guerra", presentaron fuerte resistencia al General Antonio Maceo a su paso por Pinar del Río, defendiendo sus cultivos.

La prohibición de la entrada de chinos estuvo vigente hasta el año 1919, en que entraron 1,100, en 1920 otros 9,203 y en el año 1921, fueron 1,858. Estas inmigraciones fueron las oficiales, porque como buenos asiáticos no hablaban y se protegían unos a otros, trabajando en la agricultura o las lavanderías hasta que lograban entender el idioma castellano y no era posible saber la fecha de ingreso a la Isla.

En 1926 el gobierno de Gerardo Machado reforzó la prohibición contra inmigrantes chinos al promulgar el decreto número 570, de acuerdo con el cual Cuba admitía solamente los representantes diplomáticos y consulares de China, aparte de otras excepciones.

La población china en Cuba aumentó de 10,300 en 1919 a 24,480 en 1931.

La colonia china de La Habana tenía numerosas sociedades, varios periódicos en los distintos idiomas hablados en China, estaciones de radio, su cementerio y un teatro conocido en toda Cuba por sus espectáculos, similares a los que actualmente presenta la televisión local en las horas de familia – "Prime Time".

Había clubs chinos en muchas de las grandes poblaciones cubanas. Los chinos se dedicaron al comercio al detalle, en el que adquirieron reputación de honrados y temibles competidores de los comerciantes españoles. Muchos otros chinos estaban empleados en trenes de lavado, restaurantes y huertas.

**Chinos en un almacén de víveres**

Aunque sólo ha habido unos 1,000 matrimonios entre chinos y cubanos –blancos, mulatos, y negros– entre los cubanos, los chinos imprimieron la huella de su carácter y su cultura en toda la Isla. El sainete lírico de Gustavo Sánchez Galárraga con música del maestro Ernesto Lecuona "Rosa la China" es un tributo al mestizaje chino-cubano.

Los chinos, muy aficionados al juego, dejaron una huella muy fuerte en el pueblo cubano con la charada, la que en sólo 36 números estaban todos los motivos para jugar, desde el caballo hasta la cachimba, pasando por la monja, el muerto, la paloma, la niña bonita…

# Las Cuatro Balas

Para mí uno de los grandes placeres de la vida es conversar, y cuando lo hago con mi amigo el Lcdo. Cristóbal Díaz Ayala llega al máximo. Conversando con Cristóbal de otros temas salió a relucir el daño que una simple bala había hecho en el desarrollo del pueblo cubano.

Le pedí lo escribiera porque efectivamente había varias balas muy importantes en nuestra historia. Su respuesta fue "lo mío es la música, escríbelo tú".

Aún cuando muchos otros grandes cubanos habían muerto por una bala con anterioridad, ninguna como la que segó la vida de José Martí en la batalla de Dos Ríos, menos de cuarenta días después de pisar tierra cubana. Martí llegó frente a la costa sur de Cuba en la noche del 10 de abril de 1895, bajo un fuerte aguacero tropical, dejando el frutero alemán que en su camino a Jamaica los había acercado a la tierra amada, la que pisó junto a Máximo Gómez el día 11.

**José Martí**

Conoció a muchos, escribió más y José Miró Argenter dejó constancia de su saludo a Martí: "Los autonomistas aseguraban que usted no vendría. Y eso va a confundirles. A usted es a quien ellos temen".

En la mañana del 19 de mayo de 1895, se unen en la manigua oriental las fuerzas de Máximo Gómez y las de Bartolomé Masó, estas últimas integradas por trescientos jinetes. José Martí, emocionado, frente a ellos, pronuncia una arenga formidable. En ese momento Máximo Gómez es informado que el coronel español José Ximénez de Sandoval, con ochocientos hombres se encuentra cerca y preparado para entrar en combate. El General Gómez erguido en su caballo ordena:

¡A caballo! ¡Masó, siga detrás de mí!

Martí, para evitar ser detenido por el General Gómez, monta rápidamente en su brioso caballo, que le había regalado días antes el General José Maceo. Gómez, preocupado por el Apóstol, pregunta en alta voz: ¿Dónde está Martí?" y la angustiosa respuesta llega en unos segundos cuando lo ve lejos avanzar en su caballo, que se encabrita y galopa. Máximo Gómez está furioso y grita a todo pulmón: ¡Martí, a mi lado! ¡Martí, a mi lado! Todo fue inútil. El General Gómez lo ve avanzar hacia el enemigo, con revólver en mano, "acompañado de un niño que jamás ha peleado", Gómez desesperado se pregunta: "¿Cómo detenerlo? ¡Martí!..."

De pronto suena una descarga y la cabeza del Apóstol se yergue en busca del sol y su cuerpo cae sin vida sobre la tierra que tanto amó".

Martí recibió tres heridas, sólo una bala fue mortal.

El pueblo canta "Martí no debió de morir, ay de morir, si fuese el maestro del día, otro gallo cantaría, la patria se salvaría y Cuba sería feliz".

Cronológicamente cruzamos el Atlántico. El 2 de marzo de 1897, el General Valeriano Weyler situó 38 batallones de infantería y 4 regimientos de caballería en un perímetro de 4 leguas dentro de *La Reforma*, sin que pudiera copar el escurridizo estratega guerrillero, quien así describió al Delegado Tomás Estrada Palma el 20 de julio de 1897, la situación del enemigo:

«*Los españoles están cansados en estos días, en que el calor a nosotros mismos nos sofoca, no concibo como esas tropas se mueven. La verdad es que el general Weyler está acabando con sus soldados. Por la noche, nuestras avanzadas se ponen a la vista de ellos, y empieza el tiroteo hasta la mañana. Eso es todo...*»

Weyler efectuó una verdadera carnicería con sus propias tropas en su loco afán de derrotar a Máximo Gómez. Según las estadísticas del Cuerpo de Sanidad del Ejército Español, en el año de 1897 entraron en los hospitales 400,000 enfermos, lo que quiere decir que cada soldado español pasó por ellos tres o cuatro veces en el mismo año. Solamente en la campaña de *La Reforma* perdió 25,000 hombres –contra 28 cubanos muertos-, gastó incontables millones de pesetas fortificando plazas y campamentos que llegó a iluminar con lámparas de carburo para evitar sorpresas. A todas luces Weyler parecía estar decidido a hacer buena y efectiva la amenaza demente de su protector, Cánovas del Castillo que España lucharía en Cuba *hasta el último hombre y la última peseta*. No en balde dijo Máximo Gómez: «*El mejor subalterno que yo tengo para acabar con el ejército español en Cuba es Valeriano Weyler...*»

Durante el año 1897 se libraron 12 combates en el perímetro de *La Reforma*, uno por mes de promedio, y en ellos los cubanos sufrieron solamente 21 muertos y 76 heridos. En todo ese tiempo Máximo Gómez recibió únicamente la expedición del coronel Fernando Méndez en el Sommer Smith, que por cierto no pudo salvar la totalidad del alijo que traía.

**Antonio Cánovas del Castillo**

España había enviado el último soldado y gastado la última peseta cuando el 8 de agosto de 1897, el anarquista italiano Miguel Angiolillo ultimó con un revólver al Presidente del Consejo de Ministros de España, Antonio Cánovas del Castillo, que fue sustituido por Práxedes Mateo Sagasta, quien el 9 de octubre destituyó a Weyler y dio inicio a unas negociaciones de "rodillas" con el gobierno de Washington que terminó con la entrada de Estados Unidos en la guerra que Cuba tenía ganada.

Fue la segunda bala que cambió para mal el destino de Cuba.

Ahora llegamos al período republicano, el año 1951, siendo Presidente de la República desde 1948 Carlos Prío. Ha pasado muy poco tiempo para que sea juzgado sin pasiones de uno y otro lado.

Prío fue el constituyente que hizo posible la mención de Dios en la Constitución de 1940, su gobierno creó el Tribunal de Cuentas para impedir el robo por futuros gobernantes; el Banco Nacional de Cuba, que permitió el desarrollo de la Banca Cubana y terminó con el monopolio del *Havana Clearing House* y otras varias legislaciones complementarias de la joven constitución, pero no logró terminar con el robo de los fondos públicos y el gangsterismo. En junio de 1950, durante su presidencia se efectuaron elecciones libres y honradas, donde su hermano Antonio perdió la alcaldía de La Habana y su ministro Virgilio Pérez la única senaduría en disputa.

**Eduardo R. Chibás**

Eduardo Chibás, paladín de la oposición y quien había resultado electo como senador en 1950, procedente como Prío de las luchas contra el dictador Machado y fundador del Partido Auténtico en el poder, se había separado de éste y fundado el Partido Ortodoxo criticando y denunciando los males del Gobierno.

Eduardo Chibás, paladín de la juventud, nacionalista, anti fascista o comunista, creyente en socialismo democrático de inspiración cristiana, no tenía límite en sus denuncias, lo que le hizo caer en una trampa al denunciar al Ministro de Educación, Aureliano Sánchez Arango, a quien el Partido Auténtico había recogido al renegar de sus antiguos socios al servicio de Moscú.

Chibás sabía de la malversación de fondos públicos e inversiones en el extranjero, pero no pudo presentar las pruebas prometidas, por lo que en su programa dominical del 5 de agosto de 1951, dirigió al pueblo un emotivo discurso al que llamó *El Último Aldabonazo* y acto seguido se hizo un disparo y la bala le costó la vida, falleciendo el 16 de agosto.

Prío fue muy afectado por la muerte de Chibás, hasta el punto de que el periodista Ramón Vasconcelos, editor del periódico Alerta (el mismo que fue confiscado por Castro para imprimir el Diario Revolución bajo la dirección de Carlos Franqui en 1959), publicó un artículo titulado *"no renuncie señor presidente"*.

Fulgencio Batista

La muerte de Chibás terminó el deseo de gobernar de Prío, no haciéndole caso a los reportes del GRAS, dejando el camino libre para los trabajos subversivos de Batista. Una tercera bala en nuestro destino.

Con el camino libre por el desplome del Gobierno de Prío, con su fortuna diezmada por el divorcio con Elisa y traicionado políticamente por Guillermo Alonso Pujol y Nicolás Castellanos, Batista dio un golpe militar el 10 de marzo de 1952.

El 14 de marzo en un acto en la Fortaleza de la Cabaña, el General Tabernilla proclamaba "son los únicos partidos el amarillo, el blanco y el azul", o sea, los uniformes del ejército, la marina y la policía.

Batista decía en ese mismo acto **"Quisimos hacer del hombre-cosa, el soldado-hombre desde 1933. Confrontamos todos los riesgos, no titubeamos en ningún instante ante la amenaza, y a los peligros respondemos con la bala en el directo para quitarnos la vida antes que huir"**.

*¡Que alto costo tuvo la cuarta bala no disparada!*

## Convento de Santa Clara

El Convento de las Monjas Clarisas en la Habana Vieja, conocido por el simple nombre de Convento de Santa Clara, es posiblemente el edificio civil de mayor antigüedad en Cuba.

Según las "Actas Capitulares del Ayuntamiento de La Habana" las gestiones para obtener del Rey la autorización necesaria para la fundación de un convento de monjas en La Habana se iniciaron el 6 de abril de 1603. Al no recibir respuesta del Rey Felipe III se enviaron nuevas solicitudes y se enviaron a Madrid personas "con poder de esta Ciudad" para hacer gestiones y pedir la licencia real para fundar el convento.

Al fin, por Real Cédula fechada en Madrid el 20 de diciembre de 1632, el Rey Felipe IV autoriza la fundación del convento. Siete meses más tarde, en la Sesión del 11 de marzo de 1634, es que el Cabildo Habanero hace pública la autorización real.

El lunes primero de noviembre de 1638, ante el Gobernador de la Isla, Francisco Riaño y Gamba, Caballero de la Orden de Santiago y Fray Jerónimo de Lara, Obispo de Cuba, en el lugar donde se había comenzado a abrir las zanjas para los cimientos, se colocó la primera piedra de la Iglesia y Monasterio del convento de las monjas, que se funda por esta ciudad con la limosna de sus vecinos (acta del escribano del Cabildo, Hernando Pérez Barreto).

Para esta fecha había en La Habana una "Casa de Beatas" que debió ser disuelta en 1627. Estas "Beatas" que continuaron existiendo en el sur de España hasta el Siglo XIX, eran similares a los conventos en cuanto a los votos, pero no eran formulados a perpetuidad y podían dejar el beaterio cuando lo desearan.

La construcción de la iglesia del convento, que está situada en la esquina de las actuales calles Cuba y Sol se terminó en 1643, siendo Gobernador Don Álvaro de la Luna. La iglesia no contaba con torre-campanario, la que fue construida en 1698. Las campanas que se instalaron en la torre y que fueron trasladadas dos siglos más tarde (1922) al nuevo convento en Lawton, fueron fundidas en La Habana por el cubano Jerónimo Martínez Pinzón, creador también de La Giraldilla sobre el Castillo de la Real Fuerza.

**Iglesia del Convento Santa Clara en Cuba y Sol**

El 4 de noviembre de 1644, llegaron a La Habana, procedentes de Cartagena, Colombia, las cinco monjas fundadoras, que por no estar terminado el convento se hospedaron por unos días en la casa de Pedro de Pedroso, uno de los promotores de la construcción del convento. La entrada de las monjas se retardaba por una cuestión legal, si la jurisdicción eclesiástica sobre el convento debía estar sujeta al Obispo o al superior de la Orden de San Francisco como reclamaban las monjas, basándose en las reglas y bulas papales.

Finalmente, el 12 de diciembre de 1644, las monjas fundadoras tomaron posesión del convento, sujetas al superior de la Orden de San Francisco, por ser tenidas como la Segunda Orden de San Francisco.

En esa época el convento era de un solo claustro, y debido al deseo de más jóvenes habaneras de entrar a la vida de clausura del convento, se construyeron dos claustros adicionales.

**Patio del 1er. Claustro del Convento de Santa Clara**

Junto a las cinco monjas llegadas de Cartagena, ese 12 de diciembre ingresó en el monasterio la primera novicia nacida en La Habana, llamada Ana Pérez de Carvajal, hija de Rafael Pérez y Lorenza de Carvajal y quien siguiendo las reglas de la Orden debió cambiar su nombre al de Ana de Todos los Santos.

Esta joven habanera se convirtió en la segunda abadesa de este convento y la primera en ser elegida por los votos de la comunidad, el 14 de mayo de 1650, a sólo tres años de haber profesado.

El sitio escogido para la construcción del convento era en los límites de la ciudad, apartado de las actividades militares y comerciales, próximo a las aguas de la bahía, lo que facilitaba el transporte de las piedras y maderas para la construcción y algo muy importante en esa época, junto a uno de los ramales de la Zanja Real, único suministro de agua dulce disponible.

Las solicitudes de nuevos ingresos, mas la costumbre de que cada novicia ingresaba con una o más esclavas, hizo necesario que a partir de 1657 se iniciara la construcción de un segundo claustro a continuación de la iglesia hasta llegar a la actual Calle Luz, en los terrenos antes ocupados por el matadero municipal. Esta construcción ocupó también una calle existente de Compostela a San Pedro, dando lugar a las cortas calles de Porvenir y Santa Clara.

La construcción del tercer claustro cortaría la calle Aguiar, creando la calle Damas de la calle Luz a Desamparados. Estos tres claustros, mas la huerta del convento en la esquina de las calles Luz y Habana, crearían una extensa propiedad de cuatro manzanas, limitadas por las actuales calles Cuba, Sol, Habana y Luz.

Con la excepción del primer claustro, el mayor de los tres, el resto presenta un patrón de construcción muy atípico dado que muchos documentos del Cabildo muestran solicitudes de familias para construir una celda para su hija "junto a la que construye "Don... o "sobre" la de Don... Para complicar aún mas el sistema de ampliación, en el segundo claustro se incorporó una casa construida junto con el matadero en 1622, para oficina y vivienda del administrador del mismo, siendo esta construcción más antigua que el propio convento.

**Vista de un patio del Convento**

En 1761, según Arrate pasaban de 100 las monjas de velo negro y que con las sirvientas y esclavas sobrepasaban doscientas cincuenta las mujeres que vivían en el monasterio.

Al no tener capacidad el convento para satisfacer las solicitudes de ingreso de las jóvenes cubanas, las hermanas Francisca, Teresa y Ana de Aréchaga y de las Casas solicitaron al Obispo Compostela la fundación de un convento de la Orden de los Dominicos, para lo que entregarían la gran fortuna de ellas y de su hermano Juan.

Obtenida la Real licencia se construyó el Convento de Santa Catalina de Siena y tan pronto como el 29 de abril de 1688, salieron tres mojas del de Santa Clara, para instruir en la vida religiosa a las primeras novicias Catalinas.

Una de las clarisas murió en el Convento de las Catalinas, las otras dos regresaron al de Santa Clara en 1696.

El convento no sólo fue fundador de otro, sino que también recibió a las monjas que tuvieron que salir de la República Dominicana, Colombia y Venezuela por problemas políticos.

El gran Obispo Espada construyó en 1806 el primer cementerio fuera de la población y prohibió enterramientos en las iglesias, no obstante las monjas mantuvieron el privilegio de hacerlo dentro de los conventos. Comunicado este privilegio a Madrid, las Cortes lo desaprobaron.

La Abadesa de Santa Clara, Sor Úrsula de la Encarnación Salazar y Vargas, no estuvo de acuerdo con lo dispuesto por las Cortes y el 19 de julio de 1814 le escribió al Rey Fernando VII, solicitando permiso para inhumar a las monjas en el panteón que tenían en la huerta del convento. En apoyo a su solicitud le recordó que la comunidad de las Clarisas habían entregado 11,200 pesos fuertes para las urgencias del Estado.

Con estas "razones" Fernando VII accedió a esta petición y no fue hasta el 12 de mayo de 1915, que las Clarisas compraron terreno en el Cementerio de Colón y trasladaron los restos del viejo panteón. Este viejo panteón vacío existió hasta 1959.

En las Reglas de la Orden, aprobadas por el Papa Urbano IV (1261-1264) se les permitió a las monjas tener propiedades, con lo que evitaría que las monjas dedicadas a la oración se convirtieran en carga pública. Esta condición creó en La Habana un convento que disfrutaba de "censos" (hipotecas a perpetuidad) sobre gran parte de los inmuebles.

El autor de "Cuba a Pluma y Lápiz", Samuel Hazard, escribe: "La Iglesia de Santa Clara es grande y espaciosa, sin que constituya ninguna notable peculiaridad, como no sea que pertenece al más rico convento de monjas en la ciudad".

Las monjas en el convento de Santa Clara vieron sus vidas de oración afectadas en dos grandes ocasiones, la toma de la ciudad de La Habana por los ingleses, que las obligó a trasladarse fuera del convento a poblaciones del interior como Güines y San Antonio de los Baños y en 1897, cuando la hiena y grande de España, Valeriano Weyler, ordenó el traslado de los infantes de la Casa de Beneficencia para el convento con el fin de dedicar la Beneficencia a Hospital Militar.

Las Hermanas de la Caridad, que acompañaron a los infantes al convento, registraron los nombres de los más de 100 infantes sepultados en la huerta del convento.

El convento no se quedó ajeno a los avances de la ciudad, y ante el mal estado de las aguas de la Zanja Real, hincaron varios pozos y construyeron un gran aljibe para recoger las aguas de lluvias sobre sus extensos tejados. Tan reciente como en 1909, construyeron un corredor anexo a lo largo de la crujía sur del primero y segundo piso del primer claustro.

En el convento no sólo residían las monjas y el servicio, sino que mujeres viudas o solteras, jóvenes cuyos padres emprendían largos y difíciles viajes de esos siglos, fueron residentes por meses o años del convento, creando las bases para novelas como las escritas por la Condesa de Merlín- Mis Doce Primeros Años e Historia de Sor Inés, o La Casa del Marino, leyenda creada con la antigua casa del administrador del matadero municipal.

La llegada del Siglo XX, con todos los cambios políticos, creó en la Comunidad de las Clarisas la necesidad de construir un nuevo convento donde el ruido del intenso tráfico, autos, camiones y tranvías eléctricos, mas la pérdida de privacidad, porque aun no teniendo el convento ventanas en la planta baja, los edificios vecinos de mayor altura hacían visible los patios y corredores, afectando la vida recoleta de las monjas.

En 1911 la abadesa comienza las gestiones para la venta del edificio por un millón de pesos oro, precio que siempre se mantuvo por sus sucesoras. Para la venta tuvieron que obtener la autorización del Obispo de La Habana, Pedro González Estrada, quien lo concedió en uso de las facultades conferidas por el Papa Pío X.

No es hasta julio de 1918, que la señorita Estela Altuzarra y Carbonell constituye una sociedad para la compra de la propiedad. Constituye la Compañía Urbanizadora Santa Clara, S.A. con el propósito de demolerlo y construir edificios comerciales y de vivienda.

El 29 de abril de 1921, ante el notario Joaquín de Freixas y Lavaggi se firma la escritura de compra/venta, estando la Compañía Urbanizadora Santa Clara, S.A., representada por el Sr. Eudaldo Romagoza y Garcés y el Convento por la Abadesa y otras monjas debidamente autorizadas.

Las Clarisas recibieron como pago un Certificado de Depósito expedido por Narciso Gelats y Compañía por la cantidad de cuatrocientos mil pesos y una primera hipoteca por seiscientos mil pesos, con intereses al 5%.

El 28 de marzo de 1922, cuando sólo era de 31 monjas la Comunidad, se trasladaron las Clarisas para el moderno convento en la Calle C en el barrio Lawton-Batista, terminando los 277 años de vida en La Habana Vieja.

El cambio sufrido por la economía cubana al caer el precio del azúcar impidió ejecutar los proyectos de los compradores, y el presidente Alfredo Zayas en una operación inmoral, autorizó el 10 de marzo de 1923, adquirir de la Compañía Urbanizadora Santa Clara, S.A., el viejo Convento por la cantidad de Dos millones trescientos cincuenta mil pesos ($2,350,000.00) siendo el Gobierno comprador el que liquidó la hipoteca que mantenían las monjas clarisas.

Curiosamente el peculado público hizo posible que el Convento de Santa Clara llegara a nuestra época y no siguiera la suerte de tantos otros edificios históricos.

www.ingramcontent.com/pod-product-compliance
Lightning Source LLC
Chambersburg PA
CBHW030514080526
44586CB00011B/189